わたしの旅ブックス
033

死を喰う犬

小林みちたか

産業編集センター

苦しみを、いかに喜びに変えていくか。それがすべてだよ。

——ラダックのある僧侶

死を喰う犬
目次

プロローグ

振り返ると、男が大の字で転がっていた――。

大学生風のカップル客は目が点。酒場のスタッフたちもあわわと固まっている。そのまま放置するわけにもいかず、ひとまず僕と友人で抱き起こして元のカウンター席に座らせたが、まだゆらゆらと揺れ続けていた。また倒れて頭でも打ったら、今度こそ大ごとだ。

「こっちで一緒に呑みましょうよ」とこちらのテーブルに誘った。

水を飲んで少し正気を取り戻したおじさんは、平日の夜なのに僕らがスーツ姿ではないと気づくと、「なんだーお前らー、サラリーマンじゃねーなぁ」と嬉しそうに吠えた。

友人は以前働いていた小さな制作会社の同僚で、僕らは何年も殺人的スケジュール――おそらく一人二人は死んでいる――で求人広告ばかりをつくっていた。今はお互い独立し、彼は会社を立ち上げ、フリーのライターとして食い繋いでいる僕にも時折仕事を回してくれていた。自宅から来た僕はもちろん、仕事帰りの彼もカジュアルな装いだった。

おじさんは僕らがサラリーマンじゃないと知ると「いいねー」と笑顔でまた吠えた。お菓子の「コアラのマーチ」が大好きというので、おじさんを「コアラ先輩」と呼ぶことにした。

コアラ先輩は会社で嫌なことがあって呑み過ぎてしまい、当て所なくフラフラと街をさまよい路地裏のこの小さな酒場にたどり着いた。酔いどれの鋭い嗅覚だが、そんな人と何のためらいもなくテーブルを共にしているのだから、こちらも立派な酔いどれだ。そろそろ帰るつもりだったが、「これも何かの縁ですね」と焼酎のボトルをもう一本入れることにした。こうやって酔いどれはズルズルと酒場から離れようとしないのだ。

結局閉店まで呑み続けてしまった。時刻は夜中の午前二時近く。気分は高揚し、もう一軒ハシゴすらしかねない勢いだった。会計を済ませようと椅子にかけておいた上着から財布をゴソゴソと出し、ついでにスマホを手に取った。そういえば呑みに夢中で、入店してから一度もスマホを見ていなかった。

こんな夜に限って、着信がいくつもあった。

滅多に来ない姉からのメールが緊急事態を告げていた——。

こんな時間に病院を訪れるのは限られた人たちだけなのだろう。真夜中の病棟は非常口のランプくらいしか灯ってなく少し怖かった。エレベーターで父の入院している階まで上がると、面会ホールに兄夫婦がいて、ベンチに母が寝かされていた。酒を呑んでいることを悟られないよう、兄に「どう?」と最少単語で父の状況を確認した。詳細はなく、病室にいると言われた。

父の病室に入ると暗がりのなかで単調な機械音が静かに響き、姉が一人ベッド脇に座っていた。姉は僕の姿を認めると立ち上がり、「ああ……。何度も連絡しちゃってごめんね」と言った。僕は酔いとやましさを見透かされないように、部屋から出ていく姉を目も合わせずに無言でやり過ごした。

横たわる父の脇のパイプ椅子に座り、姉がしていたように父の右手を両手でつつんだ。その手はいつもの父の手とは明らかに違っていた。植物状態という言葉があるが、仮に父の状態がそうだったとしても、植物の方がよっぽど瑞々しい。父の手は、触れるだけで粉々になってしまう枯葉のような、意識というものが完全に抜け落ちたスカスカの弱々しい感触だった。

「もう少しだけ生きていて欲しかったな……」

感情の欠落した言葉が、静かな部屋に響いた。

――は？　俺は誰に話しているんだ。しかもまだ生きているのに。

棒読みの薄情な独り言が漏れてしまったことに気恥ずかしくなり、「ふふ」と誤魔化すように鼻先で自分を笑った。すると鼻先から漏れた「ふふ」が「ふふふふふ……」と連なり反吐のようにこぼれ落ちていった。

〈ラダック地図〉

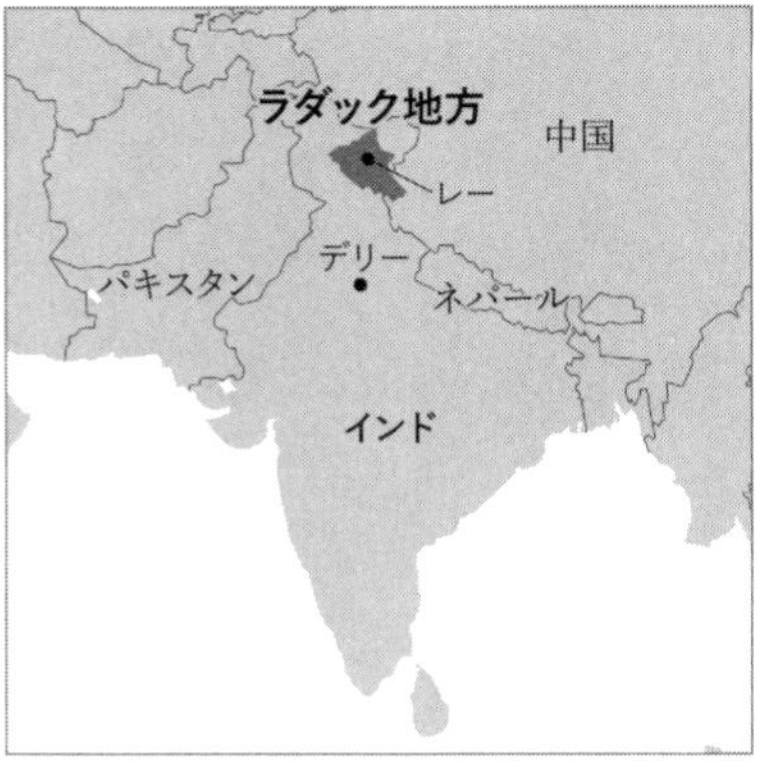
ラダック地方
中国
レー
デリー
パキスタン
ネパール
インド

カルギル
ラダック
ハヌパタ
レー
グル・ド
シンゲ・ラ
ストック・カンリ
リンシェ
ザンスカール川
ユルチュン
ニェラク
ザンラ
ストンデ
パドゥム
ザンスカール
イチャール
プクタル
アンム

I　夏

六月二七日　レー

耳障りな歓声が機内に響いた。

どうやら眼下にヒマラヤの山並みが現れたようだ。

「さあ、あなたも写真、撮りなさいよ」隣の席の太った白人女性が声をかけてきた。

「あ、いいです」僕は苦笑いしながら答えた。太った女性は「そう」という具合にうなずくと、僕に覆いかぶさるようにして機窓へとにじり寄った。

その脇の下からは生クリームを落としたチョコレートケーキのような山やまがどこまでも連なっていた。こんな草木も生えない死地のような場所で人びとが暮らしていることに俄然興味をそそられた。

ヒマラヤの西のはずれの小さな国、ラダック。インド北部の山岳地帯に位置するこの地は、一九世紀まで独立した王国だった。現在は国こそインドだが、パキスタンと中国との未確定の国境に接し、「リアルチベット」と称されることもある。本家チベットが中国で激しい弾圧を受けているのに対して、ラダックは一九七四年頃まで外国人の入境が禁止され、チベットよりチベット文化が色濃く残っていると言われているのだ。

僕がラダックを知ったのは、知人から勧められた一冊の本だった。世界四〇カ国以上で翻訳されている世界的ベストセラー『ラダック 懐かしい未来』(山と溪谷社)。著者は、ラダックの鎖国が解かれてすぐの一九七五年頃から一〇数年もの間、現地で暮らしたスウェーデンの言語人類学者だ。

電気もガスも通っていない山奥のラダックでは、自然と調和した生き方が脈々と受け継がれて……云々。つまり身の回りの自然から得られるものだけで生きていく自給自足のような循環型の暮らしを実践するラダックの人びとに、物欲まみれの使い捨て社会にあえぐ私たちは多くを学ぶことができるのではないか。それはあたかも時代をさかのぼるような「懐かしい」生き方ではあるが、それが私たちに残された唯一の「未来」なのだ、といった話だった。

著者の言語人類学者は、チベット語の方言であるラダック語を操れるため内容は具体的で説得力がある。「エコよ、ロハスよ、サスティナブルよ」と声高に意識の高いライフスタイルを啓蒙するような話ではなく、ラダックに押し寄せる近代化と資本主義の影響にも言及した上で、現代社会が直面する切実な問題の解決策を模索し、人類はどうあるべきかを提示してくる。

いまや世界の人口は毎年億単位で増え続け、地球の資源の底が見え隠れするなかにあって、多くの人の興味をそそる名著なのだろう。僕だって使い捨てより持続可能な社会の方がいい。

ただ、《自分自身の心の声に耳を傾ける人が十分な数になるのには、いったい、あとどのぐらいの時間がかかるのだろうか？》というメッセージで著書を締めくくられると、「いつになったら愚か者のあなたはわかってくれるの？」とため息まじりに説教されている気分になる。あんたの言う通りやっても上手くいくとは限らないだろうとへそ曲がりの性がうずいてしまう。

そんな僕が強烈に心を奪われたエピソードがあった。

《婚外の性交渉はよくないこととされているが、「そういうことは起こるもの」という態度に近い。（中略）現実には、癇癪を起こすことの方が、不貞を働くよりも軽蔑される。ラダックで、人をもっとも侮辱する言葉のひとつは「ションチャン」、「怒りん坊」である。（中略）もし（不貞を働いた妻の）夫の方が激怒して騒動を起こすことがあれば、妻よりも夫の行為の方がより厳しく非難されるでしょう》

妻の浮気は人間の本能だから仕方がなく、むしろその不貞行為に夫が癇癪《かんしゃく》、つまり怒り狂う方がよくないという。一昔前まで一妻多夫婚が主流だった伝統が影響しているのかもしれないが——その一方で一夫多妻婚もあるらしいのだが——いずれにしても日本人の倫理観というか精神性からすると理解しがたい。それほどラダックでは、感情的な振る舞いは忌避《きひ》されるのだろうか。

著者のスウェーデン人は長年ラダックに暮らしながら言う。

《くやしがったり、自分を哀れむということは、かけらさえも見られなかった。何事にもその平静さを乱すことがないように思えた》

《もしラダックの人に、覚えているかぎり最近の喧嘩について尋ねると、（中略）村で喧嘩があったためしがないと言われるだろう。口論でさえまれである。村ではささいな意見の食い違い以上のものを私はほとんど見なかった》

《ラダックの人たちは感情を隠したり、押し殺したりしているのだろうか。私はある時ソナムに聞いたことがある。「あなたたちは口論をしないの？　西洋では日常的にやっているわ」彼はしばらく考えていた。「この村にはない。うーん、ない。いや、少ない。ほんの少しだ」「それをどうやって処理するの」と私は聞いてみた。彼は笑った。「なんておかしな質問なんだ。私たちはお互いに一緒に暮らしているんだ。それだけさ」「それじゃあ、もし双方が同意しなかったら、たとえば、土地の境界線についてなんかで――」「もちろん、彼らは話をするよ。よく話し合うさ。彼らにどうして欲しいんだい？」私は返事をしなかった》

怒りは厄介だ。腹を立てれば立てるほど腹筋が鍛えられればいいが、そう都合よくはいかない。寝タバコで家が全焼するように、得てして想定外の結末を迎える。

できれば癇癪は起こしたくない。怒ることなく、いつも穏やかでいたいとは思う。それでも感情を抑えられないのが人間であり、人間たらしめている。

果たして――ヒマラヤの西のはずれの小さな王国には、決して怒らない人びとが暮らしているのだろうか。

*

インドの首都デリーから国内線に乗ること一時間三五分。ラダックの中心都市レーの空港に降り立った。飛行場は軍用機が二、三機あるだけで閑散としていた。

空が近かった。標高三五〇〇メートル前後。見上げずとも目線の先に空がある。毎日校庭で遊んでいて、はじめて屋上に上がった時のような昂揚感がこみ上げてきた。遠く離れた異世界の空が、ここでは生活圏の一部として人びとと繋がっている気がした。

とはいえラダックを訪れたことのある知人たちが一様に口にする「空の青さが違う」という印象はあまり感じなかった。地球規模で深刻化する気候変動の影響でもあるのだろうか。聞けば今季は異常気象だという。本来ラダックは年間降水量八〇ミリという極端に雨の降らない乾燥地帯だが、しばらくするとぽつりぽつりと雨が降り出し、乾いた地面を湿らせはじめた。

平屋の小さな空港を出ると出入口前の狭いロータリーは人と車でごった返していた。六月下旬。短い夏の観光シーズンがスタートしたラダックには、トレッキング好きの欧米人たちがこぞってやってきていた。しかも明日はあのダライ・ラマ法王一四世がくるそうだ。法話を聞くために帰省してくるラダック人、いわゆるラダッキーたちも多くいることだろう。

ロータリーには客引きのタクシーがたむろしていた。嘘八百をまくし立てるインド人の客引きと比べると、ラダッキーの客引きは言葉少なに「困り事はないですか」と訊ねてくる観光協会の人みたいに控えめだった。インドとはいえ別の国に来たことを実感した。

僕は停車中の4WDに乗り込んだ。インドの大手自動車メーカー・マヒンドラのスコーピオ。流行りのSUV。新車のような顔つきに、ラダックの急速な発展を感じた。

機関銃を抱えた軍人が守るゲートを抜けて少し走ると遠くの山間に煙がモクモクとあ

がっているのが見えた。

「あれは何かを燃やしているんですか？」と訊ねると、「ゴミを燃やしています。少し残念ですね」とドライバーさんは答えた。

六月三〇日　ハヌパタ村

柔らかな風がカーテンを揺らす。鳥のさえずりで目を覚ました。ベッドから体を起こし窓から外を眺めた。ここ二日降り続いた雨も上がり、雲の切れ間から太陽の光が降りそそいでいた。レーの空港に到着してからは体を高地に慣らすため、あまり出歩かず隣村のゲストハウスで体を休めていた。

レーの街には何でもあった。洒落たカフェ。フリーWi-Fi。ATM。レストランではアメリカのプロレスが衛星放送で流れ、ビール片手にピザだって食べられる。商店には最新のスマホからレッドブルまで並んでいた。日本の元ポップスター浜崎あゆみのポスターが貼られたサロンまであった。

今日から奥地の村へ向かう。僕はマニ車を回しに部屋を出た。

マニ車とは木製や金属製の円筒で、内側に経文が納められ、時計回りに一回まわすと一回お経を唱えたことになる便利な仏具だ。キーホルダーくらいの小さなものから、僕の背丈ほどの大きなものまでサイズもいろいろある。レーの街では赤ちゃんのガラガラのような手持ちサイズのマニ車をブルンブルン回しながら歩いている人を見かけたし、そういえば空港から乗ったスコーピオには太陽光で回り続ける小さなマニ車がダッシュボードに貼り付いていた。

一〇〇メートルほど歩くとバスの待合所のような趣で、高さ二メートル近いマニ車が吊るされていた。周囲の長さは両手を回しても五〇センチは足りず、まるで大きなドラム缶だ。朱色の下地に金色で派手に装飾が施されている。円筒の底に据え付けられた木の輪を握り、ゆっくりと円を描きながら歩いた。

「オム・マニ・ペメ・フム」

チベット仏教徒に最もよく唱えられているという真言（マントラ）を口に出してみた。

悪業から逃れ、徳を積み、苦しみの海から出て、悟りを開く助けになる……云々。悟りは開けなくてもいいから、旅の平安を願いつつ、回すこと八回。

「キーーーーーーーーーン」

一周するごとに高音の心地いい鐘の音が響いた。

「ジュレー」

ゲストハウスへ戻る途中、お香を焚きながら、お経を唱えて歩く老人に声をかけた。間髪入れず笑顔で「ジュレー」と返ってきた。

「ジュレー」とは、ラダック語のマジックワードだ。「おはよう」「おやすみ」「こんにちは」「さようなら」「ありがとう」「どういたしまして」などなど、そのすべてがラダック語では一言「ジュレー」。最初知った時は、果たしてそれで通じるのかと不安だったが、実際に使ってみるとシチュエーションで意図は伝わるから不都合はなかった。

その老人は僕とすれ違うとマニ車を小さな毛ぼうきで掃除しはじめた。六時半。彼の毎朝のお勤めなのだろう。彼は掃除を終えると、マニ車をゆっくりと何度も回した。心地いい鐘の音が村に響いた。共鳴するように、どこか遠くからも別のマニ車の鐘の音が聞こえてきた。

マニ車に、ジュレー。「懐かしい未来」は時代遅れの非効率な世界かと思いきや、案外、合理的な生き方なのかもしれない。

時折雨はパラついたが、僕とラダッキー数人を乗せたスコーピオは快調に走り続けた。ダッシュボードのマニ車もクルクル回っていた。

レーの街を抜けると視界には剝き出しの岩山だけ、かと思いきや意外にも緑が多くて驚いた。ポプラのような背の高い木々もたくさん生えていた。信号こそないが道はしっかりと舗装され、ここが標高四〇〇〇メートル近いヒマラヤの西のはずれということを忘れてしまう。

眼下にインダス川が現れた。昨晩の激しい雨のせいか、泥の川と化していた。この川の源流域は中国側のチベット自治区。そこからインドに流れ込み、パキスタンを縦断してアラビア海に注がれる。気の遠くなるようなスケールだが、川が黙っているのをいいことに、その三国では水資源を取り合う水戦争が繰り広げられているそうだ。

そのインダス川沿いを走っていたら、左から清流が割り込んできた。ラダック南西の奥地、ザンスカール地方から流れてくるザンスカール川だ。

ラダックは六月から九月くらいまでの四ヶ月間が観光シーズンの夏となり、日差しは強烈で気温も三〇度近くまで上がる。一方、長い冬の寒さは非常に厳しく、マイナス二〇度以下になることも珍しくない。そのため冬になると峠の道が雪でふさがってしまい、陸路でラダックに入ることはできなくなり、飛行機が外界との唯一の交通手段になる。

奥地のザンスカールに至っては、ただでさえ夏でも空港のあるレーのエリアからは車でしか行けず、冬はその峠道も雪でふさがるため完全に外界から孤立してしまう。ところが真冬のもっとも寒い一月中旬になると、レー地方とザンスカール地方を結ぶ「道」が突如出現する。このザンスカール川が凍結し、氷上を歩いてレー地方とザンスカール地方を行き来できるようになるのだ。わずか一ヶ月半だけ姿を現す幻の道は通称「チャダル」と呼ばれ、仕事も学校も少なく、病院もないザンスカールの人びとにとって今なお真冬の貴重な交通路となっている。

それを教えてくれた中年のラダッキーは、もう二度と「チャダル」は歩きたくないと笑った。氷上は滑りやすく、また場所によっては氷が薄くて川に落ちる危険もある。さらに夜になればマイナス三〇度を下回ることもあるそうだ。寒いところが苦手な僕は「僕も絶対にごめんですよ」と笑って返した。

そんな僕らのやりとりを同乗のザンスカール出身という華奢な女学生が、「私は五、六歳の頃に歩いたわよ」と笑い飛ばした。日本ならまだ抱っこをせがむ年齢だ。山岳民族の呆れるほどのたくましさに苦笑いするしかなかった。

気づくと舗装された道路は、絵はがきのような山やまに囲まれたデコボコの山道になっていた。

レーの街を出発して五時間ほど走り、聖なる木と崇められるシュクパの名産地ハヌパタ村までやってきた。ヒノキ科のシュクパは、その葉がお香として珍重され、毎朝お香を焚くラダックの人びとにとっては欠かせないものだそうだ。

ハヌパタ村はわずか一五世帯ほどの小さな村。ここから先は道も険しくなり、農薬や化学肥料に頼らない完全オーガニックの地域となる。そう聞かされると自分が汚れている気がしてきて、心苦しい。

雨が強くなってきた。村の目の前を整備していた道路工事も一時中断。作業員たちは道路沿いの簡素な掘立小屋で寝転び、タブレット端末で映画を観はじめた。僕らも車を停めて道の脇で雨宿りすることにした。

しばらくすると行く手からこちらに向かって一台の車がやってきた。道の状況を訊ねるとこの先で土砂崩れが起きているという。天候の回復を待つためにしばらく村で待機することになった。

幸運にもハヌパタ村には、ドライバーさんの知人夫婦が住んでいた。案内された家は一見平屋のようだが中に入ると小さなハシゴや階段があり、いま自分が何階にいるのかよく分からない。

中庭に出た。壁際に小さな木の扉が並んでいた。部屋がいくつもあるのだろう。

八畳ほどのリビングのような部屋に通された。室内には朱色に塗られた木製の大きな棚があり、ピカピカに磨かれた大小さまざまな深皿や鍋が、まるで運動部の寮の食堂かというくらい大量に納められていた。

部屋の中心には、一辺五〇センチほどの箱型の黒い薪ストーブ。カマドのようにストーブの上部にはコンロが二、三口あり、天井に向かって細い煙突が伸びていた。火の燃料は薪と乾燥した家畜の糞。糞は平べったい煎餅タイプやゴツゴツした握りこぶしタイプとフォルムは様々で、臭いもなく、少し力を入れればぼろっと砕けてしまう。

薪や糞に油を少しつけてマッチで火をおこしたら、薪は貴重なので主に糞を継ぎ足し燃やし続ける。この薪ストーブを囲むようにラグが敷かれ、そこが座席となる。昔ばなしに出てくる囲炉裏のような趣だった。

僕は窓際のラグに小さく腰を下ろした。

突然の訪問にも嫌な顔一つせず笑顔で迎えてくれた親父さんは子泣き爺みたいな風体で赤ら顔。下町の大衆酒場で呑んでいても何ら違和感のない雰囲気だった。彼をはじめラダッキーの中にはほとんど日本人と見分けのつかない顔をした人が多い。日本人とチベット人だけが持つ遺伝子があると唱える人もいるくらいで、きっとルーツは同じなのだろう。

そんな彼がゴロゴロと一〇キロくらいのガスボンベを部屋に運び込んできた。高価ながズボンベは頻繁には使わないそうで、歓待の証にも思えた。しかしリスのような顔をした奥さんはほとんどボンベに目もくれず、淡々と薪ストーブでお茶を作り続けていた。この家のボンベの消費量は年間四本ほどとか。お茶程度でボンベは大げさなのかもしれない。

運び損の親父さんの年齢は四〇歳。生え際がどこまでもハゲあがっていて、てっきり六〇歳くらいかと思った。ヒマラヤの強い日差しによる日焼けと乾燥でシワが顔に深く刻まれているから老けてみえたのだ。親父さんに笑いかけると親父さんも大きくうなずきながら笑顔を返してくれた。

窓から外をのぞくと雨は降り続き、道はずぶ濡れで、空は遠くまで厚い雲に覆われていた。これじゃまだ足止めかな、と部屋の中央へ体の向きを戻した瞬間のことだった。

「バキ！」という乾いた音が部屋に響いた。

ピクっと反応するリス顔の奥さん。静まり返る一同。

正座で痺れた足で無理に体勢を変えようとして動きがぎこちなくなり、僕の全体重の乗った左の膝頭であろうことか床板を割ってしまったのだ。ただでさえケミカルの沼のような東京からやって来て完全オーガニックエリアを汚している引け目もあるというのに……。

僕はすぐさま親父さんと奥さんの方を向いて、「ああ……すみません、すみません」と土下座した。親父さんは、僕のその姿が面白かったのか、ニコニコしながら「ノ、プロ、ブレ、ム」とさっきと変わらぬ笑顔を返してくれた。そのたどたどしい英語の発音に部屋は笑いに包まれた。

その後、天気は少しずつ回復してきたが、陽も大分落ちてきたこともあり、今夜はこのまま泊めさせてもらうことになった。日暮れとともにかなり冷え込んできたが、客間で親父さんが用意してくれた毛布にくるまっていたら、まったく寒くなかった。

夜明け前、用を足すため客間を出ると親父さんとリス顔の奥さんが月明かりの寒空の下、中庭で寄り添って寝ていた。

七月二日　ユルチュン村

目を覚ますと密度の濃い青空がどこまでも広がっていた。都会のレーから離れたことで、漆黒の宇宙に近づいたのかもしれない。

道はいたる所でぬかるみ、雪解け水が小川となってあふれていた。

高度はぐんぐん上がっていった。四五〇〇メートルを超えると道沿いにも雪が目立ちはじめた。四八五〇メートルのシンシ・ラ（峠）を越え、さらにクネクネと山道を登り、五〇六〇メートルのシンゲ・ラ（峠）までやってきた。こんな高地に道路があることに驚く。峠には石が積まれ、無数のタルチョーが風に激しくはためいていた。

タルチョーとは経文がプリントされた五色の祈りの旗。青は空、白は風、赤は火、緑は水、黄は地を表し、世界をつくる五大元素に基づいている。タルチョ、ルンタなどとも呼ばれ、チベット文化圏のいたるところで目にすることができる。中央には「風」「速さ」を象徴する馬が描かれ、タルチョーが風に吹かれることで世界中へ祈りを届けるとされている。

しかし眼前にはその祈りをはね返すかのように、この峠よりもはるかに高い六〇〇〇メートル級、七〇〇〇メートル級の山やまがそびえていた。これほど自分という存在を小さく感じたのは生まれてはじめてだった。そこはかとない恐怖が湧き上がってきた。僕の視界には人間の作ったものが何一つなかった。

ハヌパタ村を出発してから約六時間。前日の走行時間を合わせると一二時間近くかかって、ようやく目的地のユルチュン村に着いた。ユルチュンとはラダック語で「小さい」という意味らしく、その名の通り、谷底へ向かって斜面にポツンポツンと民家がいくつか見えるだけの小さな村だった。

ここまで一緒だったラダッキーたちと別れ、急斜面を降りていくと小さな畑があらわれた。その畑に面したテラスのある家がどうやら僕のステイ先のようだった。低い鉄柵の扉を開けてテラスから家の中へ入ると、若い父親と母親、五歳の娘と三歳の息子の四人家族が笑顔で迎えてくれた。小さな村でゲストハウスはないが、トレッキングにくる旅行者を泊めているそうで、いわば民泊だ。

父親のザンポはジーパンにTシャツ姿でテンションと声が高い陽気な男だった。ガムを嚙み、薄味のイタリア人のような顔立ちで中身もイタリア男らしく、「よくきたな！　明日ゴンパ（寺）とザンスカール川に連れて行ってやるよ」と調子のいいことを言いながら、約束など知らんぷりで翌朝からレーに行ってしまった。

一方、母親のドルマはグレーのフリースにゆったりとしたパンツを履き、頭にはスカーフ。女子サッカーのレジェンド澤穂希に似た顔立ちで、終始試合中のような落ち着きと険しさをたずさえていた。片言の僕よりはるかに英語も上手で、村で誰ともコミュニケーションをとれなかったらどうしようという不安は杞憂だった。

早速ドルマが「お腹空いてるでしょ」とお米に野菜をつけ合わせたランチを作ってくれた。僕は花と野菜の知識が極端に乏しいので何の野菜かよくわからなかったが、おかわりするほど美味しかった。

ドルマ曰く、ユルチュン村には一五、六世帯が暮らしているが、夏場はラダック一の大都市レーへ仕事に出ている人も多く、いま村に残っているのは女性や子供ばかり。ラダッキーではないインド人やネパール人の姿があるのは、家や道路をつくるための出稼ぎの作業者とのことだった。こんな辺鄙な小さな村にまで出稼ぎにくる労働者がいることに驚いた。一〇年も経てば、ラダックでの旅の仕方も風景も一変するだろう。

ハヌパタ村の家もこのユルチュン村の家も基本的なデザインは同じで、日干しレンガを積み上げ白く塗った壁に、木枠のガラス窓がはめ込まれていた。設計はレゴブロックで行なっているのか、どの家も直方体の塊だった。天井は真っ平ら。冬に備えた家畜の餌の干し草や燃料の薪や糞が積んであったり、上部から五〇センチほどを朱色に塗ったりして、白壁に対してアクセントになっていた。遠目から見ると四角いカステラかプリンのようで美味しそうだ。

だいたい二階建か三階建で、主に一階は家畜小屋。ただ斜面に建てられていることが多く、二階から家に入って、三階から出ることもあったりして、慣れないうちはエッシャーのだまし絵の中にいるみたいで面白い。この村では民家の周りには畑もあり、草木も生い茂り、人の生活圏は緑で溢れていた。

ザンポの家にトイレはなく、村のみんなで使う共同トイレが畑の真ん中に三つ並んでいた。レンガを積み上げた電話ボックスのようなフォルムで、鍵のない木の扉を開けるとA4サイズくらいの穴が一つ。穴をのぞくと、蟻塚のようにウンコが一メートルくらい積み上がっていた。これほど大量の他人のウンコを見たのは生まれてはじめてだった。

一瞬たじろいだが、乾燥しているせいか臭いはなく、さほど生々しくはなかった。つま先で穴の周りをツンツンしてみてもビクともしないので、これなら安心して用を足すことができそうだった。

トイレの裏に回ると大小の石が隙間なく積み上げられていた。トイレゾーンの階下に位置するこの小部屋でウンコ塚が熟成され肥料となる。年に一回、石の壁を崩して取り出されたウンコの肥料が畑に撒かれ、土を豊かにし、野菜を育ててくれる。さきほど僕が食べたランチも誰かのウンコで育った野菜というわけだ。

見た目は古き昭和のボットン便所だが、仕組みはハイテクなコンポスト型トイレ。目の前でサイクルが完結していると自分のウンコが誰かの役に立っていることを実感できるのでなんとも心地いい。

自らの大便の質が悪ければ、食べる野菜の収穫にも関わるわけで、東京では直視もはばかられる脱糞が、ここでは崇高な意義深い行為に思えてきた。排泄物も無駄にしないで生かす。合理的だ。

僕にあてがわれた部屋はテラスに面した客間で、一〇畳近くあった。部屋には壁伝いに高さ一〇センチほどの畳のような長方形の板がコの字型に置かれ、その上にラグが敷かれ、ラグの前には一人用の木机が三、四つ。部屋の隅には掛け布団が積まれているので、夜冷え込んでも安心だった。明らかに一人では持て余す広さだが、これなら大所帯のトレッカーたちが来ても対応できるだろう。

部屋の中央には、天井から裸電球が吊るされていた。

「電気は通っているのですか？」と訊ねると、

「夕方くらいになると点くわよ」ドルマがほとんど表情を変えずに答えた。

電気は村の上にある太陽光の発電所から送られてくるそうだ。村に電気はないかもしれないと聞いていたので意外だったが、これだけ強い太陽光を使わない手はない。しかもほぼ毎日晴れなのだ。それに道路事情がよければ大都市のレーまで五、六時間で着いてしまうのだから、もはや何だって手に入れられる。洗濯機を使う日もそう遠くないかもしれない。

不安がこみ上げてきた。

「あの……ソーラークッカーを持ってきてまして……。お土産というか。そこのテラスに」

「え、ソーラークッカー？」

「はい。ソーラークッカーです。知っていますか？」

ソーラークッカーとは、その名の通り太陽光を利用した調理器具のことだ。電気もガスも薪も糞も使わずに、太陽光の熱だけでお湯を沸かすことはもちろんお米を炊いたり、カレーを作ったりすることができる。日本で見かけることはほぼないが、世界の三分の一の人びとは調理に薪や糞を燃料にしているといわれる中、アフリカやアジアでは案外普及している器具なのだ。

再生エネルギーの拡大とともにソーラークッカーに注目する人も増え、各国の技術者たちが集う世界会議が開かれていたりもする。日本のNPO法人ジュレーラダックでは、長年、ラダックの地方の村に対して、ソーラークッカーの支援事業を行なっている。

冬が長いラダックでは、調理以外にも洗面や洗濯など、生活のあらゆる場面で温かさが求められます。火をおこすためには、乾燥した枝や家畜の糞を拾い集めたり、重量のあるガスを遠く離れた都市まで買いに行き、燃料としています。これらを太陽光エネルギーで代替することで、木々は住宅用、糞は堆肥用にまわすなどして貴重な資源を有効活用でき、燃料を集める労力や煙による疾病も軽減されます。また付随的な効果として、火の番をする必要がないために、空いた時間をゆっくりと過ごしたり、自分や家族のためにに費やすことができます。ソーラークッカーは、暖かい夏季より冬季によく利用されています。（ジュレーラダックのホームページより）

僕はジュレーラダックからソーラークッカーを一台買い取り、ユルチュン村の一〇日間の滞在をアレンジしてもらっていた。車で行けるので物はある程度揃っていると思っていたが、いざ訪れてみると予想以上だった。

僕のような外国人を受け入れているザンポの家は、現金収入が多いからかもしれないが、テラスには子供用の自転車や車のおもちゃが転がっていた。夜限定とはいえ電気も通っているし、広い客間だってある。ソーラークッカーを差し出したところで、「は？　そんな前時代的な物を」と一笑に付されるのではないかと不安になってしまったのだ。

「え、知っているけど」ドルマは、だから何という顔をした。

「知ってますか。よかった。はい、ソーラークッカーです。それで必要……ないですかね？」

「必要って、私たちが？」

「はい。ラダックの村ではソーラークッカーを使っていると聞きました。もしよかったら……」

ようやくこちらの意図が伝わったようで、ドルマの険しい表情が少しほぐれた。

「実はね。前にうちにあったソーラークッカーは、強風に飛ばされて壊れてしまったの」

なんてうってつけのステイ先なのだ。僕はあやうく「グッドタイミング！」と発しそうになった。

「そうでしたか。それならぜひ僕の持ってきたソーラークッカーを使ってください」

ザンポにも事情を説明すると、それじゃあ一緒に組み立てようとポッキーのように日焼けした細身の男を一人連れてきた。名前はジャンバル。しゃれたパナマ帽を被り、石のように落ちつきながら流暢な英語を話す、いかにも村一番の知識人といった風情の男だった。

僕が持ってきたソーラークッカーはラダックで普及しているタイプで、放射熱を利用するアルミ製のパラボラアンテナ型。直径は優に一メートルはあり、見た目は銀色の大きな中華鍋だ。反射鏡になっているパラボラ部分で太陽光を中心のゴトクに集めて熱する仕組みになっている。組み立てている最中にも、時折ミラー部分から反射する太陽光を浴びると焦げつくほど熱かった。これならコンロの代わりになるだろうと得心した。

ただインド製だけあって、設計がものすごくアバウト。そもそも組立図すらない。ボルトやナットなどの細かい部品も足りず、サイズも五進数かと思うほど大雑把。三人で何度も「インド製だからな」と苦笑いしながら、三時間近くかかり完成した。とても一人では組み立てられなかった。

「ようやくできましたね。ジュレージュレー」僕は二人に頭を下げた。

「おお。できたな。これでダルとかチャイとか作ろう」そう調子よく答えたザンポは汗びっしょり。ソーラークッカーは太陽光のある屋外でしか使えないから、ヒマラヤといえども真夏の炎天下での調理はかなりしんどそうだ。

「そうですね。しかしすごい日差しだ。暑すぎる」僕も汗びっしょりだった。

「そうそう。だから夏はソーラークッカーなんて、使わないんだよ。はっはっはー」ザンポは豪快に笑った。

えっ、夏は使わないの――。

後片付けをしながらしばし呆ける僕をヒマラヤの強い日差しがジリジリと焼いた。

七月二日　ユルチュン村

水の流れる音で目を覚ました。

ヒマラヤの雪解け水が流れ落ちる村の水場まで五〇メートルは離れている。なのに、部屋のすぐ前を流れているかと思うほど近く感じた。生きているのは僕だけに思えるほど静かだった。

少しずつ空が明るくなるとようやく小鳥のさえずりが聞こえてきた。生き物の息づかいを感じると安心する。やがて人びとの営みが聞こえはじめた。

ラグから体を起こし、トイレへ向かい、水場で顔を洗った。水を口に含むと歯が凍るほど冷たくてすぐに吐き出した。昼間の日差しの強さに油断した。部屋へ戻るとドルマがチャイをいれてくれた。温かいチャイが全身に沁み渡った。

昨日のお香を捨てて、香炉に新しいシュクパの葉を入れ、お香を焚く。階段を上がり、建設中の二階へ。さらにはしごを上がり、すでに完成している仏間へ入る。

仏間は家の一番高いところに一番贅沢につくる。正面には大きな千手観音像。その前に一回り小さい仏像が四、五体。最前列にはさらに小さな仏像が一〇体ほど。壁にはダライ・ラマ法王一四世と知らない僧侶の大きなポートレート写真が貼られ、床にはたくさんの経典が積まれている。

敷物の上に供えられた赤と黄のきれいな花ばな。仏像の前の小さな盃を丁寧に拭き、新しい水を注ぐ。バターランプを灯して礼拝し、新しい花を供える。部屋を片付けて最後に太鼓を「ドンドンドンドンドンドンドン……」と軽く打ち鳴らす。そして香炉を持って家中をまわり、お香の煙で各部屋を清める。ドルマの毎朝のルーチン。今日という日が始まった。

ヤクの乳搾りをはじめる向かいの家の老人。裏庭のテントで朝ごはんの準備に取り掛かる出稼ぎの作業者たち。山羊や羊を連れて丘へ放牧にいく人。ドンキー（ロバ）と一緒に谷底へ向かう人。ゆっくりと村も動き出した。

ドルマはダイニングに戻ると、薪ストーブに火をおこした。途端に煙が立ち込め、あっという間に家全体に充満した。火事だ！　僕は慌ててテラスに飛び出した。玄関からは煙が漏れ出ていた。しかし誰も出てこない。

しばらくしてダイニングに戻ってみると幾分煙はおさまっていたが、まだ視界は煙たいまま。煙の中でモクモクと朝の準備を進めるドルマに「この煙、大丈夫なんですか？」と訊ねた。ドルマは小さくうなずき、咳き込みながら起きてきた子供たちにレーで仕入れたという薬を飲ませた。

ダイニングの薪ストーブには煙突がついていたが天井の外までは伸びていない。天井には小さな明かり取りの穴があるが朝一番の大量の煙を排出するほどの大きさではないのだ。

この煙を毎朝吸い込んでいると思うと、ソーラークッカーが薪の煙による疾病を防ぐためにも有益というのもうなずけた。

テラスから崖の上に建物が見えた。かなり遠そうだった。ドルマに訊ねると「ゴンパよ。三〇分くらいで着くわよ」と無表情で教えてくれた。

昨日連れて行ってくれると言っていたザンポは早朝からレーに行ってしまったので、一人で行ってみることにした。

畑の真ん中にある共同トイレを過ぎ、水場を越えて草木の茂る丘をゆっくり登っただけで、息が切れた。標高四〇〇〇メートルの世界は、酸素が平地の六割程度らしい。その丘からはゴンパのある崖の麓あたりに大きな民家が見えた。

一五分ほど歩くと、その民家近くの家畜小屋で分厚いメガネをかけた若い女性が羊の乳搾りをしていた。「ジュレー」と声をかけると表情を変えぬまま「ジュレー」と返ってきた。さらに山道を一五分ほど登るとゴンパに到着した。息は絶え絶えだが、ドルマの言う通りちょうど三〇分だった。

ゴンパは小さな建物で、中に入ると床は土がむき出し、雑草が生え、僧侶でも住んでいるかと思っていたがとても人が住むようなところではなかった。

中央に真新しい柱が一本立ち、「FREE　TIBET　GONPA（フリー チベットゴンパ）」とマジックで書いてあった。旅行者の落書きだろう。中国から逃れてきたチベット難民たちの亡命政府は現在インドのダラムサラにあり、このラダックにも多くのチベット難民が暮らしていた。

ゴンパからは村全体を見渡すことができた。ザンポの家からはわからなかったが、崖の下にある家までよく見えた。逆に言えば、村のどこからでもこのゴンパが見えるということだ。崇拝のシンボルとして、常に村のどこからでも見える必要があるのだろう。

山岳信仰然り、本来、見上げる高所とは人知を超えた存在として崇め奉る神聖な場所、のはずだがゴンパの周りを散策すると断崖絶壁の突端ギリギリに糞が転がっていた。フォルムからすると人糞かもしれない。死をも恐れぬ便意だったのか。人糞に混じって紫陽花《あじさい》のように紫色の小花が集まった丸っこいフォルムの可愛い花が咲いていた。

ゴンパから戻る道すがら、さっきメガネ女子のいた民家に寄ってみると玄関先に年季の入った小ぶりのソーラークッカーが置いてあった。やはりこの村でも使われているのだ。

興奮してジロジロ見ていたら小柄な老婆が現れた。

魔女のように目と鼻が際立った顔立ちに少しひるんだが、「ジュレー」と会釈すると、くしゃくしゃの笑顔を返し、身振り手振りでお茶を飲んで行けと誘ってきた。

室内は相当年季が入っていた。さっきのメガネ女子もこのお婆さんも朱色のロングコートのようなラダックの民族衣装ゴンチェを着ていた。村はずれだがゴンパに一番近い家。由緒ある名家なのかもしれない。

そんな老婆はラダック語でお構いなく話しかけてきた。意味がわからずただニヤニヤしていると、Tシャツ姿の青年が入ってきた。息子だろうか。僕に何ら驚くことなく、「ジュレー」と挨拶し、チャイをつくり、ビスケットを出してくれた。あまりの自然なおもてなしに僕の方が驚いてしまった。

棚にケータイが置いてあった。青年に訊ねると、ユルチュン村は圏外だがレーに行った時に使うのだという。その奥には家族の写真に混じり、インド人女優のプロマイド写真が飾られていた。

三〇分ほどして、そろそろ失礼しますと腰をあげると中庭に出る扉が開け放たれていて、奥に「ｃｌｉｎｉｃ」と書かれた扉が見えた。

「ここは病院ですか?」

「アムチだよ」青年は笑って教えてくれた。

アムチとは、顔色や脈から病状を診断し、石ですり潰した薬草で薬を調合して治療するチベット伝統医だ。

「こちらのお婆さんがアムチ?」

「いやいやお婆さんの夫とその娘がアムチなのさ」

今はあいにく二人とも不在だった。

クリニックの部屋に入らせてもらうと壁に政府から授与されたアムチの証明書が掲げられていた。お婆さんは誇らしそうに、その証明書を指さした。僕は日本語で「すごいですね」と言った。お婆さんは満足そうにうなずいた。

奥にはきれいに整頓された客間があり、棚には大量の瓶が並んでいた。

アムチは一時西洋医療に押され衰退していたが、ここ最近は政府の後押しもあり盛り返していると聞く。ユルチュン村のようにレーの病院まで遠い村では、アムチは村人の健康を守る貴重な存在なのかもしれない。

ザンポの家に帰るまで村を一回りしてみたが、ほとんどの家にソーラークッカーが置いてあった。ここまで普及しているのなら、季節外れの夏に持ってきたとはいえ、強風で壊れてしまったザンポの家に届けられたのはよかった、と思うことにした。

村はずれを歩いていたら、人間以外にも生き物が住んでいた。野生のマーモットだ。ヒマラヤのような山岳地帯に生息するリス科の動物で大きさは小型犬くらい。岩陰の巣穴からモフモフの顔をちょこっと出してキョロキョロと周りの様子を伺い、敵がいないと見るや一目散に駆けていく。その仕種がたまらなく可愛い。なんとか写真に収めようと息を潜めながら追いかけ回した。そういう旅行者は多いのかもしれない。彼らの巣穴の周りには、片方だけのスニーカーやら空のペットボトルやら紙切れやらといったゴミがいくつもいくつも転がっていた。

部屋から水場を眺めていたら、入れ替わり立ち代わり女性たちが洗濯していた。今日は洗濯日なのか。ドルマも僕にドライカレーのようなランチを作ってくれた後、洗濯に向かった。

水場から谷の方へ少し視線を移すと、村の家とは少しデザインの異なる切り餅のような平屋があった。気になったので近づき開いたままの扉から中へ入ってみると、ソーラークッカー作りを手伝ってくれた村の賢者ジャンバルがいた。

彼はここで薬剤師のような役割をしていて、必要に応じて政府から無償提供されている西洋的な現代医療の薬を村人に処方しているという。いわば薬局だ。

今朝ドルマの子供たちが服用していたのもここの薬だそうだ。現代医療の薬は人工的に化学合成された物質を使って作られる。自然由来の伝統医療のアムチとは対極的な存在だ。気になる村人の利用頻度はややジャンバル優勢だがほぼ半々という。つまり薬草から調合したアムチの薬の効果を村人は十分実感しているわけだ。アムチがそれほどに支持されているとは意外だった。

ジャンバルに「ザンポの子供たちの咳はひどいですよね」と訊ねると、「季節の変わり目だからな。村の子供たちはみんなそうだ」という。「薪ストーブの煙が原因だと思うのですが」と続けてみたが、ジャンバルは蠟人形のように表情を変えず何も答えなかった。

仮にそうだとしても、「では薪を使わずにどうやって毎日火をおこすのだ」と逆に訊ねられたら今度はこちらが蠟人形になる番だ。意味のない質問だった。ジャンバルが話を変えた。

「近くにリンシェ村という大きな村がある。大きなゴンパや学校もあって、この村の子供たちも通っている。案内してやるから明日から一緒に行ってみるか？　金はいらないぞ」

夏は学校や仕事でユルチュン村の村人も三分の一くらいに減っている。村人がいなければジャンバルも暇なのだろう。一泊二日ということだが、僕に予定はなかった。

家に戻るとドルマが「丘の方へ行くけど一緒にどう？」と誘ってくれた。

子供たちと一緒に丘を登っていると途中から若いお母さん二人も加わった。

「この辺で休憩しましょう」ドルマがみんなに声をかけた。

そこは一面菜の花のような黄色い花が咲き誇っていた。よく見ると黄色だけじゃない。紫、ピンク、赤、青。色とりどりの花が咲いていた。四〇〇〇メートルの高地が、これほど色彩豊かだとは思ってもみなかった。

丘を登り切り、二度目の休憩。そこには道路工事の出稼ぎ作業者たちの宿泊用の大きなテントや巨大ソーラーパネルが何枚も設置された発電所があった。ここの作業者の多くはムスリムでパキスタン国境に近いカシミール地方から来ていた。

どこからかビブラートの効いたのん気な鳴き声が聞こえてきた。岩場の上に羊や山羊たちが姿を現した、と思ったら一気に一〇〇頭くらいに増殖した。羊飼いが口笛を吹くと羊たちは五つくらいのグループに分かれ、その一つのグループがドルマの元へ集まってきた。ドルマが歩き出すと彼らはちゃんとついてきて、丘の中腹にある石で囲われた家畜小屋に文句ひとつ言わず入っていった。はぐれるモノもいない。なんて従順で賢いのだろう。感心する僕をよそにドルマは小屋の扉を枝木でしっかり固定すると囲いを乗り越えて中に入り、乳搾りを始めた。一〇分ほどでボトルをいっぱいにし、「さあ帰りましょう」と丘をおりた。

帰宅するやドルマは僕にチャイをいれ、夕食の準備にとりかかった。なんというか本当に働き者だった。対して、僕は作物も作れない。料理もできない。乳も搾れない。息もすぐあがり、子供たちより体力もない。一人でどこにもいけない。たとえ現金をいくらかもっていたとしても、この地ではドルマがいなければ三日で死んでしまうだろう。土から離れて生きてきた人間の貧弱さを痛感した。

夕食はスキウ。練った小麦粉の団子をたっぷりの野菜と一緒に煮込んだシチューのようなラダック料理で、かなり美味しかった。

七月三日　リンシェ村

空が白け、機械音のような小鳥のさえずりが響き、冷気が窓から入ってきた。高地にも体が慣れてきたのか、少しずつ朝もゆっくりと寝られるようになってきた。

今朝の空は少し雲が多かった。

トイレに寄り、水場で歯を磨いた。上流は雨でも降ったのか、少し水が濁っていた。といっても、土や葉が混じっているだけで何か人工的な混合物があるわけではないから、濁っているという表現は的確ではないのかもしれない。

ジャンバルはすでに起きて、薬局の裏にある小さな畑の手入れをしていた。急いで朝食を済ませ、荷物の準備をしているとドルマが「気をつけてね」とホイルに包んだチャパティとオムレツをランチにもたせてくれた。

七時少し前にトレッキングスタイルのジャンバルが迎えにきた。僕は登山靴の紐をしっかりと締め直した。ただ僕のアウトドアらしい装備は靴だけで、服装はジーパンにTシャツ、以前ネパールのカトマンズでユニクロのダウンジャケットと交換した偽物のノースフェイスのダウン。トレッキングをするとは思っていなかったから、準備不足は仕方ない。ジャンバルも「うん……、まあ、大丈夫だろう」というので出発した。


水場の脇を抜けて、丘を登り始めた。ものの一〇秒で息があがった。

「ゆっくり、ゆっくり」

スタート時は興奮しているから早足になりがちなのだと　ジャンバルが僕をいさめた。

一〇分ほどで最初の休憩。ストゥーパ（仏塔）からユルチュン村を見下ろす。手の中に収まりそうな小さくて美しい村ともしばしお別れだ。ジャンバルは村に向かって祈りを捧げた。

出発して二〇分で早くも二度目の休憩。すでに道端に転がる動物の糞を避ける余裕すらなくなっていた。四〇〇〇メールの高地がこれほどきついとは想像以上だった。さらにジーパンはまったくストレッチが効かず、汗ばんだ太腿にへばりついて足の動きを鈍重にさせた。

三〇分ほど歩くと道端に雪があらわれた。やがて両側を高い山に囲まれた狭い盆地に出た。マーモットがじゃれあっていた。

「彼らは六ヶ月間冬眠するんだ。冬は雪が深くて我々だって身動きが取れないからな」ジャンバルがニヤッとした。「だからお前が持ってきたソーラークッカーが大活躍するんだ」嬉しい一言も付け加えてくれたが返事もできなかった。鳥のさえずりと僕らの土を踏みしめる足音と僕の荒い息づかいしか聞こえなかった。

盆地を抜けると峠に出た。谷底が大きく口を開け、眼下には川が流れていた。

視界の両端には小さな村。左手は二〇人ほどが暮らすスキュンパタ村。右手は三〇人ほどのゴンマ村。行きは左周りにスキュンパタ村を通ってリンシェ村へ行く。帰りは反対のゴンマ村を通って帰ってくるとジャンバルが教えてくれた。それはいいのだが眼下の村まではスキーのジャンプ台のような急勾配。下りること自体が僕にはかなりのチャレンジであり、帰りに登ることを考えるとそれだけでうんざりした。

僕は砂利だらけの斜面に踏み出した。急勾配に土煙を上げながら、スピードがどんどん上がっていった。足が砂利に取られそうになるのを必死に堪えた。でも止まらないように、勢いで乗り切ろうと足を動かし続けた。そもそもここは道なのか。時折「うおーーーー!」と声を上げた。もう僕には駆け下りるしか道はなかった。

一時間近くかかり、なんとか急斜面を下りきることができた。谷底の川を飛び石を伝って渡るとボロボロの掘っ建て小屋が一軒佇んでいた。廃屋かと思ったら、壁にうっすら「HOTEL」の文字。スキュンパタ村に着いたようだ。裏に回るとここにもソーラークッカーが一台置いてあった。ふらりと現れた老婆がチャイを入れてくれた。

今度はゆっくりと高度を上げながら歩き続けた。一時間ほど歩くと峠に出た。ようやくリンシェ村が見えた。

巨大なゴンパが山の斜面にそそり立ち、裾の方に向かって僧侶たちの暮らす小さな白い箱型の僧房がいくつも並んでいた。そのゴンパから見下ろすように、広大な谷間に村が広がっていた。ユルチュン村の一〇倍はありそうだった。

出発から約四時間、リンシェ村のゴンパに着いた。

ゴンパといっても白壁の日干し煉瓦造りは村の家と同じだが、何階建てだかわからないような壮大なスケールだった。ジャンバルに連れられてゴンパの中に入ると、小さな部屋で朱色の袈裟を着た一〇数人の若い僧侶たちが並んでお経を読んでいた。突然の日本人にも眉ひとつ動かさなかった。

奥の部屋に通され、ラダック名物のバター茶をいただいた。グルグルという一メートルくらいの太い筒状の容器で混ぜてつくり「グルグル茶」ともいわれる。お茶にバターと塩を加えた独特の味わいに苦手な外国人も少なくない。材料通りベタついた塩味で確かに美味しくはないが、汗で流れた塩分が補給された。

休憩後、ゴンパ内をジャンバルが神妙に案内してくれた。

数百年の歴史を誇るだけあって、いくつもの部屋に無数の絵や仏像があり、とりわけ曼荼羅の絵は緻密さといいスケールといい、「はー」とため息が漏れ出た。ジャンバルはこの界隈一のゴンパを僕に見せたかったから、わざわざ連れてきてくれたのだろう。ユルチュン村のゴンパとはわけが違っていた。

一回りしてお茶をいただいた部屋に戻り、ランチにティモをいただいた。ティモとは蒸しパンでおかずの野菜と一緒に食べるラダック料理。肉まんのような味わいで美味しかった。

昼食を終え、ゴンパのすぐ下にある学校へも足を伸ばしてみた。

九〇人近くの子供たちが通い、男女別の寄宿舎もあった。近隣の小さな村の子たちもたくさん学んでいて、ユルチュン村の子もいるそうだ。ユルチュン村にも学校はあるが一〇人も入ればいっぱいになる小さな部屋が一つだけ。今は村の三歳から八歳の子たちが通っていて、ザンポの子供たちも通っているが、その後はここリンシェ村の学校でさらにレベルの高い教育を受けることになる。

大きな村だから外国人もたくさん訪れているのだろう。廊下を歩くと子供たちは臆せず「ジュレー、ジュレー」と声をかけてきた。歓迎ムードに気分がよくなり、ふらっと教室に飛び込んでみた。

教室は四畳ほどの小さな部屋で、七人の子供たちが木の長机に座っていた。突然の日本人に目を丸くしたが、「さぁ、授業をはじめまーす」と英語で叫ぶと、「誰だ、こいつは？」と疑うこともなく背筋を伸ばして座り直した。

左端に座っていた賢そうな男子に名前を訊ねると、「あなたこそ名前は何ですか？」と笑顔で切り返されてしまった。逆にこちらが戸惑ってしまい、吃《ども》りながら「ミ、ミチタカ」と伝えると、「いい名前ですね」と褒めてくれた。「あ、ありがとうございます」とタジタジだった。歳は一一、二歳。日本の小学校五、六年生といったところだろう。それにして、この英語力と堂々としたコミュニケーション力には恐れ入った。

今晩は英語教師をしているという若い女性の家に泊めてもらえることになった。

先生と学校から谷間の方へ下りていくと青々とした畑が広がっていた。この村もユルチュン村同様に草花が美しかった。畑には先生の両親がいた。先生はお母さんとお茶を飲んでいくというので、お父さんに連れられて家へ向かった。

庭には冬場にビニールシートの中で野菜を作るグリーンハウスと家畜小屋とコンポストトイレがあり、二階は仏間のみ。ザンポの家よりも少し小ぶりで年季も入っていた。

通されたのは、六畳ほどの客間。この部屋もやはり壁伝いにコの字型にラグが敷かれ、小机が三、四つあった。窓も大きく気持ちはいいが、虫が多いのが気になった。

「リラックスしてくれ」というお父さんはこれからドンキーを連れて街へガスボンベを買いに行くという。帰ってくるのは三日後。会ったばかりだが、宿泊のお礼とお別れの挨拶を交わした。

屋上から村を眺めていたら先生が帰ってきて、「羊たちを迎えに行くけど一緒にどう?」と誘ってくれた。

丘を登り、比較的平坦なところまでくると石垣があり、集まってきた女性たち一〇数人が石垣を風除けにして車座になって談笑しはじめた。数で劣る男性三、四人は少し離れて立ち話。僕は子供たちとクリケットに興じながら気長に羊たちを待つことにした。

絵画のような山並みがどこまでも広がっていた。風に煽られながら、どこまでも転がっていくボールを追いかけていく子供たち。四〇〇〇メートルの高地だが地形は盆地のように見えた。僕らを囲む山やまは、どれほど巨大なのか。

陽が沈み始めた頃、「ヴェーヴェー」と鳴き声が聞こえてきた。

先生は大きめの石に何かをふりかけはじめた。

「それは何ですか?」

「塩水よ」

山から羊たちが一斉に下りてきた。大群だった。数百頭はいるだろうか。想像以上の数に一瞬足がすくんでしまった。走ってきた羊たちは塩水のかかった石にかぶりつき塩分補給をはじめた。しかもちゃんと二〇頭くらいずつ飼い主の元に分かれて集まっていた。飼い主によって塩水の匂いや味が違うのだろうか。どういう習性なのだろうと考えていたら、

「さあ、あなたが先を歩いて」と先生が言った。

(え、なんで?)不安に思ったが、ひとまず歩き出した。

するとどうだ。先生の元に集まっていたその二〇頭がちゃんと僕の後についてきた。

そして丘をおり、石造りの家畜小屋へスムーズに入れることができた。初対面なのになぜだ。気づかぬうちに肛門に塩水をかけられていたのだろうか。驚いてばかりいる僕をよそに、家畜小屋で待っていた先生のお母さんが乳搾りをはじめた。

夕食はチベット風蒸し餃子のモモ。餃子同様、皮に野菜の餡を入れて包んで蒸すのだが、皮から作るので時間がかかる。それゆえか、特別な料理で月一回程度しか食べないそうだ。

モモ作りを見ながら、先生といろいろ話をした。

先生は二七歳で二歳半の娘さんがいた。ただ娘は、レーでタクシー運転手をしている夫と同居。冬になると学校が長期の冬休みに入るので、レーで家族一緒に暮らす予定だという。

先生はなんと八人兄弟。「日本ならテレビに出られますよ」と驚くと「向かいの家は九人兄弟よ」と笑った。実際のところ、インドの人口はもう中国を抜いているかもしれない。「ラダックの人たちは、あまり怒らないと聞きました。本当ですか？」

和んできたので、脈絡はなかったが勢いで訊ねてみた。ヒマラヤの西のはずれの小さな王国には、決して怒らない人びとが暮らしているのだろうか。

先生は間髪入れず、「ええ、そうよ」と笑顔で答えた。まるでよく訊ねられているかのような答え方だった。僕ならこんなにスパッと言い切れる自信はない。

「うーん、基本的にはそうですけど、今じゃ何かあると炎上とかいって関係ない人まで怒りだしたりしますしね。でも昔からデモとかで怒っている人はいたしな。もっと昔は村八分なんてのもあったから、日本人は案外性格悪いのかもしれません」とかなんとか歯切れ悪く答えに窮しそうだ。

「やっぱりチベット仏教の教えが影響しているのでしょうか？」という質問にも「そうね」と短剣のような切れ味。あまりにも即答なので、さらに質問する気が失せてしまった。

しばらくするとお母さんも帰ってきて、三人でモモをいただいた。日本で食べるより薄味だが、体が少しずつ純化しているのか、それがまたちょうどよく美味しかった。

ダイニングの明かりがとても弱々しいので、泊めてくれたお礼に日本から持ってきた携帯用ソーラーランタンをあげたら、「これは便利ね、すごいわ！」と大層喜んでくれた。

七月四日　ユルチュン村

「おい、ところで宿代はいくら払った？」

朝八時、ジャンバルは歩き出すなり、訊ねてきた。僕は一銭も払っていなかった。ジャンバルが「金はいらない」と言っていたから、当然、先生の宿代もジャンバルが話をつけてくれていると思っていたのだ。金がいらないのは、ジャンバルと一緒にゴンパに泊まる場合のようだった。

「え、あ、ソーラーランタンをあげました。ダイニングの明かりが弱々しかったので。とても喜んでくれましたよ。ほとんど使っていない新品ですし。買えば三〇ドルはしますよ」

ジャンバルは満足そうにうなずいた。十分な見返りだったようだ。

昨日、羊を迎えにいった帰りの頃から左膝が痛み出していた。下り坂は特に痛かった。行きは三〇分で歩けたリンシェ村を見下ろす峠まで一時間以上もかかった。スピードの上がらない僕に愛想を尽かしたのか、ジャンバルは一人でぐんぐんと進んで行った。

迷ったらどうするんだと心の中で悪態をついたが、歯を食いしばっても差は広がるばかり。時々視界からジャンバルの姿が消えるから心細くなる。けれど道はないようで、ここしか進む道はないといった感じで迷いようがなかった。

三時間ほど歩いて、ようやくゴンマ村に着いた。ジャンバルは見当たらない。通り抜けたのかと不安になりながら村をウロウロしていると、「こっちだよー」とキュートな女の

子たちから声をかけられた。呼ばれるまま民家に入ると客間でジャンバルが横になってい
た。「おーやっと来たか」笑顔で迎えてくれ、そこに座れと上座を指した。すぐにお昼ご
飯がやってきた。

ゴンマ村は二〇人程度の小さな村だがトレッキングコースなのだろう。この家の中庭で
は音楽がずっと流れ、ソーラークッカーもあり、部屋には大きなオーディオセットまで
あった。食事の段取りといい、旅人を迎える環境が行き届いていた。

たっぷり一時間半ほど休憩し出発。昨日一時間かけて駆けおりた急斜面を登りはじめた。
傾斜が急で真上には登れないので、斜めに移動しながら少しずつ高度を上げていった。高
さが上がるにつれ、傾斜もきつくなってきた。もう山歩きというより崖登りだった。

両手で岩の突起をつかみ、体勢を維持しながらなんとか体を持ち上げる。ジャンバルが
頭の上から「エベレストみたいだろ」と笑う。セミのように岩場にへばりついたまま「へ
へ」と笑い返すのが精一杯だった。思わず視線を谷底に向けてしまった。腰が引けた。

エベレストがどんなところか知らないが、急な岩場だらけでとてもここがまともなト
レッキングルートとは思えなかった。うっすらある踏み跡をたどるしかなく、道幅も五〇

センチほど。踏み外せば砂利とともに猛スピードで転げ落ち、全身を強打しながらボロ雑巾のようになって、谷底の川で溺死するのがオチだ。強風が吹いた。砂が目に入った。

——怖い。

身動きせず、必死に岩場にへばりついて風が止むのを待った。涙で砂を流し出し、目を開けるとジャンバルが腰の尾てい骨辺りに両手を組んで、ゆっくりとだが両足だけで着実に登っていた。こちらは怖くて両手両足で斜面をつかみながら進んでいるというのに。

さらに上から若いラダッキーの女の子が下りてきて、「ジュレー」とのん気に声をかけてきた。「こいつら人間か」そう思ったが、彼女からすれば「なに屁っ放り腰でカメムシみたいに斜面にへばりついてるの。あなたこそ人間？」と笑われてしまうだろう。

追い討ちをかけるように、はるか頭上から道を整備しているショベルカーがゴロゴロと岩を落としてきた。数年後には、このあたりも車が通れるようになるのだろうが、その前に死人が出るだろう。

二時間かかりようやく峠まで登りきった。これほど自分に体力と勇気がないとは思わなかった。峠で待っていたジャンバルに「お前、もしチャダルだったら生きて帰れないぞ」

と呆れられてしまった。そしてもはや後ろを振り向くこともなく、さっさとユルチュン村へ帰ってしまった。

一人でトボトボ歩いて村を目指すことになった。

すれ違う人たちは僕の装いがラダッキーのように普段着なので、ラダック語で話しかけてきたが、外国人とわかると「おい、お前、一人じゃないよな」と心配される始末だった。そもそも僕がトレッキングに臨むこと自体、柔道着で水泳大会に出るくらい場違いだったのだろう。人間、生まれ育った地から離れすぎると生きてはいけないと悟った。

出発から七時間。なんとかユルチュン村のザンポ宅に戻ってきた時にはジーパンは土砂にまみれ、岩にこすれ、元の色がわからないくらいボロボロになっていた。

＊

「はっはー、キャプ・ラ（峠）だろ。あれはきついよな」

ラム酒を片手に、ザンポが笑い飛ばした。僕が命からがら登ったのは地元でも有名な険しい峠だった。とはいえ、ザンポたちは子供の頃から庭のように駆け回っていたわけで、僕のような体力のない臆病者に限った話だ。

「まー呑め、呑め」

僕が自分のあまりの不甲斐なさに意気消沈しているとハリウッド俳優オーランド・ブルームのような甘いマスクの男がラム酒を注いできた。

リンシェ村から帰ってきてダイニングでドルマのモモづくりを見ていたら、ニット帽が似合う右耳にピアスをした妙にハンサムな男が飲み水を取りに来た。僕と目が合うと手をコップに見立てて口にクイクイとサインを送ってきた。

ドルマの表情を伺うと「お好きならどうぞ」

せっかくなので男の後についていくと、僕が寝泊まりしている部屋の向かいの客間でザンポと太った毛むくじゃらの男がラム酒のボトルを挟んで談笑していた。

太った男は、伸びたパンチパーマのような天然パーマに泥棒のような口髭、筋肉太りしたダルマのような体躯で、往年の名レスラーマサ斎藤にそっくりだった。ラダックの観光名所パンゴン・ツォ（湖）出身のマサさんはトラックの運転手だという。

僕を誘ったイケメンの名はスタンジン・チョコレス。スタンジンはラダックではよく聞く名だ。そして四人で呑み始めた。

ラム酒はザンポがレーで仕入れてきたインド産のオールド・モンク七年物。価格は約五〇〇ルピー。日本円で八〇〇円程度だ。ラダックでは、各家庭で大麦から仕込む地酒のチャンという酒があるが、「俺たちはラム酒だ」とザンポは笑った。チャンなど呑み飽きているのだろう。

ザンポもチョコレスも水割りでガンガン呑んだ。マサさんもこのガタイなら相当呑むだろうと思いきやワイルドな風貌に似合わず酒が弱く、さっきから小鳥くらいしか減っていなかった。酒と英語は苦手なようだが、トラック歴は九年で、「インド全土を走り回っているんだぜ」となぜかザンポが胸を張ってきた。明日も朝五時から木材をレーに運ぶそうだ。

そんなマサさんの目がトロンとしてきた。

「明日早いから」腰をあげるマサさん。

「ノーノーノーノー、まだ帰るなって」通せんぼして引き止めるイケメンチョコレス。

「じゃもう少しだけな」仕方なく笑顔で座り直し、呑めない酒を注がれ続けるマサさん。一方のチョコレスもすでに呂律が怪しい。聞けば、四人の子持ちで無職だそうだ。ウダウダと二時間くらい呑み続けて、マサさんとチョコレスはフラフラになりながら帰っていった。

ダイニングに戻ると、モモが蒸しにはいっていた。見たところ一〇〇個以上はあった。蒸しあがった最初の一個は神様にお供えし、そしてみんなでかぶりついた。付け合わせのニンジンがさっぱりしていてモモと一緒に食べると絶品だった。

お腹がいっぱいになった子供たちは食事に飽きるとラグにゴロンと寝転び、スマホで遊びはじめた。電波は届かないがレーでアプリや動画をダウンロードしているようで、動画に合わせてダンスを披露してくれた。やがて五歳のお姉ちゃんが寝てしまうと三歳の弟が姉に寄り添いながらモモを片手にスマホの動画に見入っていた。

七月五日　ユルチュン村

朝起きると、案の定、全身が筋肉痛だった。

ジャンバルは薬局の前で祈りのような歌を唄っていた。あれしきのトレッキングでは何ともないのだろう。こちらは頭も少し痛んだ。

ランチはお米に野菜。

「このブロッコリーはユルチュン村でとれた野菜ですか？」

「カリフラワーだけどね。レーよ」

「レーか。お米もレーですよね？」

「そう。パンジャーブ州のお米よ」

自給自足のような生活はもう遠い昔の話なのだ。ヒマラヤを越えてやってくる補助金をかけられた農作物は、ラダック産よりも安く、人びとは賃金労働を求めて農村を離れるようになったとも聞く。この調子なら一〇年後には魚を食べている可能性だってある。

日本も同じだ。隣の県で育った鶏肉より地球の裏側からやってくる鶏肉の方が安い。どんなカラクリなんだ。日本の国道沿いに同じチェーンのレストランやショップばかりが並んでいくように、世界はどんどん均質化した景色になっていく。そして僕の頭もどんどん痛くなっていった。

七月六日　ユルチュン村

一晩寝ても頭痛はひかなかった。追い討ちをかけるように、今朝の朝食はドルマが「スペシャルよ」とつくってくれた「パバ」。ラダックのソウルフードらしく、蒸したパンのようなものなのだが、土を練り固めたような見た目で桁外れに硬い上に味がほとんどしない。

一口食べてひるんだのが伝わったのか、「嫌いならチャパティをつくるわよ」とドルマに言われてしまった。

パパを食べながら窓から外を眺めていたら、子供が小羊の首に縄をくくって、どこかへ連れて行こうとぐいぐい引っ張っていた。しかし小羊は畑に寄り道したりして、子供がいくら強く引いてもいうことをきかなかった。

見かねたお婆さんが、何かを喚きながらスタスタとやってきた。

そして後方から足を振り上げると「ドス！」小羊のケツに鋭い蹴りを入れた。

小羊は「ヴェ」と変な鳴き声をあげ、下半身がフワッと宙に浮いた。空手の有段者と見紛うような見事なフォームだった。

これまで何度となく家畜のケツを蹴り上げてきたのだろう。そのあまりの力強さに僕は思わずパパを吹き出しそうになった。

なんとかパパふた塊を一時間近くかけて食べ終えると頭痛はさらにひどくなった。

ジャンバルに薬をもらおうと思い薬局に行くと、どういうわけか村人でごった返していた。レーからメディカルチームとやらが来ていて、村人の健康診断をしているという。

ジャンバルの姿が見えないほどの盛況ぶりでとても僕に構っている余裕はなさそうだった。

ザンポの家からここまで三〇メートルくらいの距離を移動しただけでも頭痛は悪化し、

歩くたびに振動で頭がガンガンした。

こうなったらゴンパの麓にあるチャイをいただいた村唯一の「アムチ」に助けを求めるしかない。アムチの家まで一五分くらい歩きながら、この時点で重篤な患者はたどり着けないなと思った。

景気のいい音楽がガンガン窓から漏れていた。この前とは明らかに異なる様子に警戒しながら部屋を覗くとニット帽を目深にかぶった老人と目が合った。黄色い菊のような大きな花を額の中央に付けていた。

耳ならまだわかるが眉間に花。東京だったら、「話しかけられても無視しなさい」と噂されるような奇人の雰囲気だが、頭の痛みは堪え難い。勇気をだして、事前に仕入れておいたラダック語で「頭、痛い。薬、ある?」と訊ねた。老人はうんうんとうなずき、家の中に来い来いと僕に手招きした。

中庭からクリニックの扉を開けて中に入ると老人とともに若い女性がいた。

「英語は話せますか?」

「少しなら」

「あなたがアムチですか？」

「私はアムチではない。まだ勉強中です。アムチは彼」と老人を指さした。

症状を通訳してもらうと、老人はすぐに瓶がいくつも並んでいる棚を物色しはじめた。

アムチの診断法の第一は脈をとることと聞いていたが、舌や目の色や状態、顔の表情、声の調子からも診断できるそうだから、瞬時にこちらの容体を見切ったのか。額に黄色い花を掲げているのも、熟練者の証なのかもしれない。

棚には瓶以外にも小分けの袋がいくつもあり、名前のような何かが書いてあった。しばらく「あれでもない、これでもない」と棚をまさぐり、ようやくお目当てらしい二種類の粉を探し出した。見た目はどちらもターメリックに少量の土を混ぜたような感じだった。

そして分厚いノートを取り出した。

判読できない言語が殴り書きされていた。おそらく処方の仕方や注意点が書いてあるのだろう、と思ったら、老人はいきりページを豪快に破り取った。戸惑っていると破ったページを丁寧に折りたたみ、袋を二つ作った。そしてスプーンで粉を量りながら慎重にその二つの袋に分けていった。

一つは朝食前の服用で三日分。もう一つは午後の服用で五日分。細かい処方の違いにすごく効きそうな気がしてきた。

「いくらですか?」

「お金はいらない」

代わりに差し上げるものもないので、何度もお礼を言って、ありがたく頂戴した。

部屋に戻り、さっそく午後の薬をのんでみた。破ったノートの袋を開き、その上でクレジットカードを使って粉を目分量で五分割する。まるで鼻の穴からコカインを摂取する映画のシーンみたいだ。味は呑み会前にのむウコンのような苦味が少しだけ。しばらくすると眠くなってきたので横になることにした。

一時間ほど寝ていたら、幾分痛みが緩和した気がした。様子を見にきたドルマが「ミチタカ、お茶でもどう?」とマサさんたちと酒を呑んだ向かいの客間に誘ってくれた。

部屋には窓から昼下がりの暖かい光が差し込んでいた。

日中の村は、人の気配がまったくない。みんな家の中で思い思いの何かをしているのだろう。ドルマもくつろぎながら、暖かそうな靴下を編んでいた。

「それは冬に履くためですか？」

「そうね」

まだ片足だけだが、冬に備えて編んでいると言った。

しばらくすると学校から子供たちが帰ってきた。最初はテラスで遊び、飽きると部屋に入ってきてスマホのロックを解除し動画を見始めた。

ドルマが「何時？」というので、時間を伝えると「ちょっと村の集まりがあるから」と急いで出かけていってしまった。

怪獣二匹がすぐに絡んできた。くすぐったり、宙に放り投げたりするとケタケタと喜ぶ。可愛いが、何度も何度も同じことをせがむ。五歳ともなると宙に投げるたびに腰がピキッとしてくる。

「はい。もうおしまい」

自分の部屋に逃げ込むが、追いかけて来て悪戯ざんまい。ザックから荷物をだしたり、カメラをいじったり、しまいにはアムチの薬にまで手を出す。

こんな時子供を強く叱れない自分が嫌になる。ほとほと困っているとドルマが帰ってきてくれた。ちょうど僕のノートとペンを部屋から持ち出そうとしたところをドルマに見つかった。どれほど辛辣な言葉を浴びせているのだろう。ギャーギャーと二人は泣き続けていた。

夜になりダイニングでお茶を飲んでいると以前アムチの家の近くの家畜小屋で挨拶したメガネ女子が入ってきた。

これからジャンバルの薬局でパーティがあるから「あなたも行きましょう」という。「頭痛は大丈夫？」とドルマが心配してくれたが、せっかくの機会なので参加することにした。

トーチライトで道を照らしながら薬局に着くと村中の人びとが集まっていた。子供たちもいた。無職のイケメンチョコレスも「よう！」と握手を求めて来た。

みんなは床に座っているが、部屋の奥の上座に椅子が並べられ、その真ん中に初老の太った白人女性が座っていた。挨拶をするとスイス人だという。その横にはジャンバルが賢者らしくスイス人の通訳を担っていた。

雰囲気からして援助団体の類な気がした。どうやら彼女を中心とした会のようだった。僕も外国人だからなのか、椅子席の末端に通された。その他、村人らしくない男が三人。彼らも椅子席だ。

僕の隣の椅子には香港スターのようなキリッとした顔立ちの男が座った。レー在住だが、この村出身の薬剤師だそうだ。

スイス人の隣に座っていた若い頃の西田敏行みたいな顔をした男が立ち上がり、パーティが始まった。

西田の話は開会の挨拶とは思えないほど長かった。自分の半生でも語っているのか。西田の隣の椅子に座る競艇の予想屋みたいな風体のキャップをかぶった男は気づくともう半目で、脳みそはすでに寝落ちしているような顔をしていた。彼だけではなかった。見たところ村人の七割くらいは寝ているような雰囲気だった。

ようやく西田の話が終わると次にスイス人が話し、予想屋がフリップを使ってプレゼンテーション。香港スターも自信満々に何事か語った。さらに床に座っていた洋装の若い女性二人も立ち上がり挨拶。椅子に座っている以上、まさかこの流れで僕にも回ってくるのではと危惧していると案の定、「さぁあなたからも一言」とスイス人に促された。

何を言えばいいのか。吃りながら、「あ、いや僕は、え、遠慮しておきます」と苦笑いするとすんなり飛ばしてくれた。

村からはザンポが代表して挨拶。僕のような旅行者を受け入れ、SUV車を所有するくらいだから、村でも重要な役割を担っているようだった。

隣の香港スターが通訳してくれたところによると医療と教育に関することのようで、メディカルキャンペーンと題してこの辺りの辺境の村を回っているという。特に女性を対象に妊娠中の注意点などの知識を授け、教育支援をおこなっていた。

スイス人は「もう一〇年以上続けているのよ」と胸を張った。

確かに素晴らしい活動だが、アムチに助けを求めたばかりの身としては、西洋文化に偏りすぎてせっかくのラダック文化が廃れないかと都合よく心配してしまった。

最後はジャンバルがスイス人にお礼を述べて盛大な拍手で会は終了。椅子席のメンバーに村から感謝の印としてタカーという絹の白いスカーフが贈られた。なぜか僕も一緒にいただいてしまった。

七月七日　ニェラク村

朝起きると頭痛は消え去っていた。アムチの薬は副作用が少ない代わりに即効性もないと聞いていたが、黄色いお花のアムチ爺さんは僕の頭痛を一晩で治してくれた。

昨晩、ジャンバルの薬局でスイス人と共に挨拶していた若い女性が、朝のチャイとグルグル茶を持ってきてくれた。アディダスの黒のスウェットパンツに黒の薄手のダウン。若い人はもうこういう服装なのだ。

彼女は医療関係の仕事に就いていて、スイス人率いるメディカルキャンペーンチームの一員として今日はニェラク村、明日はゴンマ村とスキュンパタ村、明後日はリンシェ村を回るということだった。

ドルマも部屋に入ってきた。

「これから私はニェラク村に行くけど、あなたも一緒に行く？　体調はどう？」

ドルマはニェラク村の出身で、メディカルキャンペーン一行を村で迎えるために手伝いに行くという。リンシェ村までのトレッキングで痛い目にあっていたが、体調も回復したし、何よりザンスカール川を渡るということに興味がわいた。急いで支度をして、ドルマたちと一緒に村を出た。

ドルマは実家への道だけあって、「先に行くわね」と言い残し、忍びの者のようにあっという間に見えなくなってしまった。

一行のドン、スイス人は太っている上に膝が悪くストック二本を使ってゆっくりと歩きながら、聞いてもいないのに「私は七一歳なのよ」と胸を張った。

若い女性二人がサポートしながらとはいえ、年齢を考えれば、四〇〇〇メートルの地を歩いているだけでも脅威だった。

キャプ・ラ（峠）ほどではないが、僕らは急な斜面をゆっくりと下りていった。上からは工事車両が石ころを落としてきた。なぜ工事を止めて待ってくれないのだろうか。

なんとか落石をかいくぐり、谷底の少し広い道に出るとキャンペーンチームの男たちと合流した。リーダー格の西田敏行似の男は、話していくと本家同様かなりのひょうきん者で本業は政治家だった。

「ジュレーは本当に便利な言葉ですね。マジックワードですよ」

「ラダックはなんでもジュレーから始まるからね。日本語のマジックワードは何かあるかな。教えてくれないかい」

日本語なら、「どうも」だと外国人タレントが何かのテレビ番組で言っていた。朝昼晩の挨拶でも「お、どうもどうも」で通じる。お礼の際にも「あ、どうも」でオーケー。葬式の時でさえ、「どうも（このたびは）……」と小声で語尾をごにょごにょと言えば不自然なく使える。

西田は「どうも」が気に入ったようで、「どうも！　どうも！」を連発しはじめた。会話に混じってきた香港スターも触発されて、「どうも！　どうも！」を連呼。西田たちのおかげで、なんとなく楽しい道中になった。

ザンスカール川が轟々と流れていた。川幅は広くないが、ユルチュン村に引き込まれている支流とは桁違いの水量だった。大蛇とミミズくらい迫力が違った。真冬はこの川が凍りつく。どれほどの寒風がこの谷に吹き荒ぶのだろう。

つり橋を渡り小休憩しているとスイス人が馬に乗って追いついてきた。

最後の丘をみんなで登り切り、草木が茂る道を抜けるとタルチョーがはためいていた。ニェラク村だ。

大きな白いストゥーパで待っていた女性と子供一〇数人が一斉にスイス人に駆け寄ってきて、握手を求め、手を合わせ、頭を下げた。まるでユパ様を迎える風の谷の人びとのようだった。スイス人も久々の再会に嬉しそうで、孫を見るような優しい眼差しで子供たちの成長に目を細めていた。

彼女たちが手にしているヤカンやポット、金の水差しから地酒のチャンを手ですくって呑むのが歓迎に応えるしきたりらしい。ちょうど喉も乾いていたので、僕は何度も何度も歓迎に応えた。

村に入ると花のいい香りが漂ってきた。西田に伝えると、「だろ」と得意顔でうなずいた。西田はこのニェラク村の出身なのだ。

村の中心部に位置する建物に案内された。小さな扉の玄関をくぐり抜けて、二階に上がり、広い客間に通された。

上座にはスイス人。次は西田だと思っていると、その西田からお前がそこに座れと言う。「いえいえ」「いいからいいから」「いえいえいえ」「いいっていいって」と切りのない押問答が続いたので指示に従った。続いて西田、予想屋、香港スター、ジャンバルの順に座り、アシスタントの若い女性二人は床に直座りとなった。

上座から下座にいくに従って、目の前の小机の高さと装飾の豪華さがグレードダウンしていく。わかりやすい階級社会だ。

お茶と軽食をいただいた後、一人散歩に出た。村の一番高いところにあるゴンパをのぞき、昼寝をしていた村人にしばらく油を売って、客間に戻ってみると予想通り入口に靴がいくつも脱ぎ捨てられていた。

昨晩同様、村人を集めたカンファレンスが始まっているのだろう。巻き込まれては厄介なので再び散策に出た。

今度は谷側の畑の方を歩いてみた。ユルチュン村にも増して、ニェラク村にも色とりどりの花ばなが咲き乱れていた。食べられそうな白い雲に密度の濃い真っ青な空がパノラマに広がり、ヒマラヤの褐色の山やまが雄大にそびえていた。

ラダックを訪れて二〇年というスイス人も言っていたが、村ごとに少しずつ違いがあった。ユルチュン村は斜面の傾斜がきつく、少し向こうの家まで行くのも息が切れる渓谷のような印象だが、ニェラク村は平坦で歩きやすく、村全体も見渡しやすかった。標高はニェラク村の方が高いようだが、植生は豊かだった。気づくと左膝の痛みも消え、筋肉痛もおさまっていた。

枝で編んだ四角錐型の大きな背負籠に薪をこんもり積み、長いスコップを持ちにくそうにして、畑の脇を歩いているお婆さんがいた。声をかけてスコップを持ってあげると、「ジュレー」と言えない程、息も絶え絶えだった。ずっとこの村に暮らしていても、老人に四〇〇〇メートルでの暮らしはやはり大変なのだ。

客間に戻ると、「どこに行ってたんだい?」と西田が言った。どうやら昼食を食べずに僕を待ってくれていたようだ。

食後、また散策に出るとソーラークッカーで温めたお湯をミルクに入れて薄めているお母さんがいた。

「夏も使うんですか！」と驚き訊ねたが、英語を解せないようで苦笑いでうなずくだけだった。しかし、夏に使われているシーンを見たのは後にも先にもこの時だけだった。

はじめて稼働するソーラークッカーに興奮していると少し離れた石壁の間から香港スターが手招きしているのが見えた。誘われるまま向かうとそこは白壁が美しい新築のような家。客間に入ると室内も清潔で、薪ストーブも壁にデコレーションされた食器類もまるで新品。古民家風の洒落たカフェのようだった。

西田以下メンバーに促され、また上座のスイス人の隣に座った。大麦を炒って挽いたツァンパという粉をお茶に混ぜて、砂糖をまぶして練り固めた和菓子のような食べ物をいただいた。これが絶品だった。

「これは美味しい！」興奮して頬張っていたら、西田が調子よく「ミチタカ、ドンドン

（食べろ、食べろ）、どうもどうも」とラダック語と日本語をミックスして場を盛り上げた。

「日本語をこんなに聞いたら、あなた、ホームシックになるんじゃない？」とスイス人が笑い、続けて、少し神妙な顔になり声を潜めてきた。

「あなたは外国人だから、そこまで気にしなくていいけれど、このメンバーでは（政治家の）西田が一番リスペクトされるべき人物なの。その次がアムチ（予想屋）。だから、あなたが上座に座ると（あなたを知らない）みんなが混乱するのよね。知っているでしょ、この机の高さで序列が決まるのは」

旅行者、つまりゲストだから上座でもいいんだろうと安易に受け入れていたが、そうではなかった。旅行者の客人といえども、やはり政治家の西田や伝統医のアムチを立てるべきがラダックの文化なのだ。

「勧められながらどうすればいいか混乱していました。よくわかりました。ジュレージュレー」

「いいのよ。私も最初は混乱したわ。あなたはここでは外国人。誰もあなたが悪いとは思わないから大丈夫よ」

スイス人の母親のような包容力に感謝しながら、（あれ、それならなぜあなたが上座なのでしょうか？）と疑問が湧いた。すると見透かしたように「あ、私は膝が悪いでしょ、だから足を伸ばせるこの場所なのよ」と釈明するように言った。下座でも足を伸ばせると思ったが、上座の方が広いのかもしれないし、怪我人や病人を特別扱いしても不思議ではない。スイス人の扱いはさておき、ただこれではっきりとした。

この地は「ドンドン（飲め飲め、食べろ食べろ）」文化だ。勧めることが礼儀であり、断ることがまた礼儀。まどろっこしいやりとりをよしとする文化なのだ。奥へどうぞと言われて、「え、自分なんかがいいんですか」とヘラヘラ真に受けてはいけないのだ。

この新築風の家を一五分ほどで辞して、次は西田の実家へ向かった。まずスイス人が客間に入り上座に座った。次に僕が部屋に促されたが、末席へ座った。西田、アムチである予想屋、香港スターが次々部屋に入ってきて、僕を上座へと促そうとするが、頑なに断った。するとあっけにとられるほど、みんなあっさり引き下がり、座るべき順におさまった。「なるほど。これが正しい座り位置ですね。もうわかりました」僕がみんなに言うと笑いが起きた。旅人＝無職である僕の座るべきは末席というわけだ。

ヨーグルトがでてきた。「夕飯があるからいいよ」「でも、せっかくだから」「いやいや」相変わらずのやりとりが繰り広げられ、最終的に末席の僕が少しだけヨーグルトをぺろっといただき、奥様の面目を保つ形で場はおさまった。

食べもしないなら、わざわざ訪れなきゃいいだろうとも思うのだが、それでは村出身の西田のメンツが潰れる。来たからには、実際にサーブしてくれる奥様への労いをしないのは野暮。この面倒なやりとりからコミュニケーションが生まれ、無益な軋轢を緩和させる効果があるような気もした。

陽がだいぶ落ちて来た。客間の前の中庭では女性陣が総出で地べたに座り込みモモをつくっていた。もちろんドルマもマシーンのようにせっせと餡を包み続けていた。その様をボーッと眺めていたら「あの日本人、何かしら」というような女性陣のヒソヒソ声が聞こえてきた。面識のあるメディカルチームの若い女性が近づいてきた。

「客間でみなさんとお茶を飲んでいていいのよ」

だが客間でじっとしている方がつまらない。

「ジュレージュレー。でも僕はここで夜風に当たっている方がいいんです」

彼女が戻ると「困ったわね、お茶も飲まないでここにいるって」とさらにチラチラ的な視線を感じた。みんなに促されるように小柄な娘が近づいてきた。

「あなた暇でしょ？」

幼い顔をして強気だ。

「いや退屈はしていないよ。皆さんがモモを作っているのを見ているのが面白いんだ」

抗弁してみたが、「ハイハイ」と軽くあしらわれてしまった。そして手の平を僕の顔に近づけてきた。

「ねえ、見てよ。怪我したのよ」赤い擦り傷ができていた。

「え、あ、大丈夫？」そうとしか返しようがなかった。

「あなた見てたでしょ？」彼女はニヤッと笑った。

やや焦りながら記憶をたどった。そうだ。そういえば昼間、畑の辺りを散歩していた時に少し離れていたが決定的瞬間を目撃したのを思い出した。

「あっ！　羊たちを追い立てて豪快にすっ転んでたのは、君か！」

「そうよ！」

二人して笑い合った。恋にでも発展しそうな雰囲気にようやく女性陣も安心したようで視線を感じなくなった。

「あなたのこと、ラダッキーだと思っていたのよね」

「君の顔こそ日本人みたいだね。格好も伝統的なスタイルじゃなくて都会の若者みたいだし」

「そう。だから私の学校でのあだ名は、日本人なのよ」と笑った。

そこへニコニコしながら老人が近づいてきた。

すれ違いざまに「お、お前ら、二人とも日本人だからお似合いだな」みたいなことを囃し立てたようで、彼女は「もう、やめてよ！」というように笑顔でおじいさんを追い払った。モモ作りに精を出す女性陣からも大きな笑いが起こった。

客間に入るとすでにみんなは席についていた。スイス人と西田の間の席は最初僕が座っていたこともあり空席だが、ジャンバルの隣の末席が空いているのでそこに座った。

「ここでいいんですよね」みんなに笑顔で確認を求めると「うんまぁそうだな」とみんな

ニヤニヤした。

宴がはじまった。モモとスープが運ばれてきた。ここでも各テーブルで「ドンドン（食べて食べて）」「いやいや」「ドンドン」のやりとりが延々と繰り広げられていた。

モモは一五個食べるのが限界。スープがとろけるほど美味しかった。

末席の僕よりさらに低い位置に座るのは、赤ら顔の太った馬方の男と給仕の男。この二人はもはやテーブルすらない。全員が断ったモモとスープが二人に回ってくるので、それを食べ続ける姿は残飯処理班のようで哀れにも見えた。


食後、スイス人が誰かを呼んだ。山籠り中の広瀬すずのような可愛らしい娘が部屋に入ってきた。通訳はジャンバルが担った。スイス人から今日の食事のお礼に続いて、村への支援の話がはじまった。

「空いている時間は何をしているの？」

「編み物をしています」広瀬すずの言葉にスイス人はふんふんとうなずいた。

「クリスマスはドネーション（寄付）の時期。あなたたちが編んだ編み物を売りましょう。

そしてあなたたちの自活の糧にしましょう。ちゃんとした商品はつくれるかしら？」

「いつもは自分たちのものだけですが、きっとできると思います」

確かに彼女たちが着ている衣服は、デザイン性はともかく丈夫そうだし売れるレベルだ。

「そうよ、できるわ。そしていろんなところで売りましょう。スイスはもちろん、パリやロンドン、ミラノでも」

さらにスイス人は続けた。

「そう東京でも、ね」

そう聞こえた瞬間、絶対にこちらに視線を向けているはずだと思い、疲れ果てたふりをして床を這う昆虫に視線を集中した。

東日本大震災の被災地でボランティアをしたことがあるが、援助関係者の中には平然と「困っている人のため」なんて言い出す人がいる。あげく「いいことなんだから、みんなでやろう」と巻き込もうとさえしてくる。

善意や正義は厄介だ。振りかざされると、黙っているだけで気まずくなる。エレベーターの中で屁をこいて知らんぷりしているみたいに、うしろめたく、息苦しくなってくる。

そもそも押しつけられる類いのものではないし、それに何事も何をやるかより、誰とやるかが重要だ。善行をする人が、みんな善人とは限らないのだ。

ここで油断して、「東京はあなたが担当しなさいね」と販売代理の重責を持ち帰ることにでもなったら大変だ。僕は昆虫を凝視し続けた。幸い別の話題にうつった。

「そうね。あなたたち専用の特別な場所をつくりましょう。キッチン付きの建物よ。いくらくらいかかるかしら？」

「二、三〇万ルピーといったところでしょう」西田たちが相談しながら答えた。

「そう。まぁそんなものでしょうね」

「ええ、それくらいです」

「この地はオーガニック。だから、オーガニックで売り出してはどうかしら？」

「おーいいですね」スイス人のアイディアにみんなが賛同した。

「オーガニックニットですか！」西田が愛想良く声を張った。

「そうそう」

「オーガニックモモなんてのはどうです」畳み掛ける西田。

「いいわね、オーガニックチャンだって売り出せるでしょう」

「ははーいいですね、いいですね」香港スターが感心するように笑顔でうなずく。

「オーガニックチャン……オーガニックチャン……」堅物っぽいジャンバルまでつぶやきだした。

オーガニックの話になった途端、マーケティングの匂いが立ちこめ、資本主義が人びとの生活にじわじわと浸透していく気配を感じた。オーガニックを売りにしたら、もうそれはオーガニックではなくなってしまうような気がした。

スイス人と西田たちはオーガニック会議の後も、何やら話し合いを続けていた。僕は完全に興味を失っていたので、頃合いを見て立ち上がり、「じゃあ皆さん、僕はもう寝ます。ジュレージュレー」と別れを告げて、ザックを背負い建物を後にした。

さっきの広瀬すず似の娘が僕の足元をライトで照らしながらステイ先まで道案内してくれた。

着いたのは普通の民家。通された五畳ほどの客間にザックをおき、ダイニングに行くと広瀬すずがお茶を入れてくれた。座って温かいお茶を飲んだ。と目の前の壁に西田の顔写真が貼られていた。選挙ポスターだった。しかも西田が中心に大きく写っていて、大物あるいは党首のような扱いだった。

地元地域の発展のために、永世中立国の大スポンサーを連れてきたみごとな手腕に感心しつつ、あらためて客間での席の序列を思った。

大スポンサー、有力政治家、医者（アムチ）、薬剤師、旅人、馬方、給仕。お金を持っている順にも見えるが、敬虔なチベット仏教徒が多く暮らすラダックでは最上位に僧侶が食い込んでくる。

本来仕事とは人の役に立ち、徳を積むこと。つまりこの順位は、人びとを幸せにする徳の高い存在の順番というわけだ。資本主義全盛の現代では、その徳すら金で買えるようになっている気もするが……。いずれにしても、馬も扱えず、給仕もせず、何も編めず、食って寝るだけの旅人の僕の座り位置は本来もっと低いのかもしれない。

七月八日　ユルチュン村

寝袋の中で微妙に体をサワサワしてくる虫と不快な夢にイラつきながら目が覚めた。迎えがくるまであと一五分しかなかった。急いでダウンジャケットをザックに詰め込み、コンポストトイレに宿泊のお礼の燃料を落とし、出発の準備を済ませた。ダイニングにいくとお婆さんがチャパティとチャイを用意してくれていた。

窓の外からドンキーたちの鳴き声と足音が聞こえた。誰かが何か叫んだ。お婆さんが笑顔で外を指差した。呼ばれているようだ。朝食をかき込み、お婆さんの両手をしっかり握って「ジュレージュレー」と頭を下げて急いで家を出た。

ドンキーと村人たちが待っていた。

まずリーダーらしい年長の親父さんに挨拶。片言の英語とジェスチャーで「昨日は眠れたかい？」と訊ねるので「もちろんですよ！」と咄嗟に嘘をついた。

「そりゃよかった！　あの家は俺ん家なんだよ」と親父さんは嬉しそうに答えた。

親父さんの他には、昭和のお荷物球団、大洋ホエールズの助っ人コンビ・ポンセとパチョレックにそっくりな青年が二人。

口髭のポンセは昨日、散歩中に訪れたゴンパで仏間の鍵を開けてくれた何かと気の利く男。一方、後ろ髪の長いパチョレックは昨晩給仕をしていた無口な男だ。そして小柄な老婆。この四人と八頭のドンキーでいざユルチュン村を目指すことになった。

村の玄関口にある白いストゥーパに、親父さんが白いカターを巻きつけ祈りを捧げた。ストゥーパから丘を下りていくと眼下に大河ザンスカール川が現れた。

橋を前にポンセが慌ただしく動き出した。ドンキーたちの手綱をチェックし、緩みやたるみを直していく。パチョレックは最後尾で静観。準備が整うと、親父さんの合図で、ドンキーたちが橋を渡り出した。

「お、ドンキー勇敢だな」とのん気に後をついていこうとしたら、慌ててポンセが「おいおい、ドンキーを刺激するな」と制してきた。ドンキーは臆病だから自分たちのペースで渡らせるのがいいらしいのだ。無事ドンキーが渡り終えて、僕ら人間も渡った。ニェラク村ともこれでお別れだ。

橋を渡り終えるとポンセがザックをよこせといってきた。ドンキーが運んでくれるのだ。ショベルカーの落石攻撃をかいくぐって斜面を登るだろうから助かる。

ポンセはザックをずり落ちないよう縄でしっかりとしばってくれた。その横を赤い影がスルスルと通り抜け、急斜面をショートカットして登っていった。勇ましい動きに呆気に取られていると親父さんが言った。

「俺たちはドンキーと一緒に行く。お前はあいつと一緒に先に行け」

見上げる峠は果てしなく遠い。老婆はゆっくりとだが、確かな身のこなしで着実に高度を上げていった。僕はその轍を慎重に追いかけた。

自分のペースでずんずん進むジャンバルとは違い、老婆は決して急がず、休憩も頻繁に取った。常にバディとして共に歩んでいけた。

石の上で二人並んで休憩。老婆が木の杖でガッと地面をつき、立ち上がる。

「いくぞよ」「へい！」それが出発の合図。僕らに言葉は必要なかった。

何度目かの休憩の際には、老婆は座ることもせず、荒い息づかいで杖に額を当てたまま動かなくなった。思わず「師匠、そのリュック持ちましょうか」と申し出そうになったが思いとどまった。リンシェ村の帰りにジャンバルから「もっと鍛えろ」とさげすむように言われたことを思い出した。学生時代の友人がよく言っていた。

「実力の伴わないいやる気ほど迷惑なものはない」

とりわけ急な斜面に出くわした。老婆が湧き水で喉を潤した。極度の乾燥地帯な上にずっと口呼吸なので、喉はカサカサだった。時折発する老婆の声もジャズシンガーのようにかすれていた。僕も老婆にならって喉を潤し、顔を洗った。汗はすぐ乾くので塩だけが顔に残り、少々しょっぱかったが久しぶりの水分と塩分に生気が復活してきた。

「お前が先に行け」

老婆は僕に向かって、指で行く手を指し示した。ついに独り立ちか。

両手両足で急斜面の岩場にへばりつき、少しずつよじ登った。もはやトレッキングではなくロッククライミングだ。

汗で湿ったジーパンは伸縮性ゼロ。リンシェ村の往復に続き、今回も土砂にまみれ、もはやジーパンはチノパンのような色になっていた。

ただキャプ・ラ（峠）を乗り越えた今、あの時のような屁っ放り腰ではなかった。少しだけ成長した自分に静かに興奮していると視界の端に老婆の影が入った。別のルートを登っていたようだ。

大きな岩が僕と老婆の間に入り、老婆が視界から消えた。瞬時、土砂が崩れ落ちる音が聞こえ、その音が大きくなった。

「まさか！」

老婆の方へ向かおうと体制を変えた途端、僕の視界に一四〇センチほどの老婆の小さな体が飛び込んできた。手にはトトロが持っていそうな大きな葉のついた茎が二本。これを取りに行くために、僕を先に行かせたのだ。大きな葉を手に入れた老婆を再び先頭にして、急斜面を登り続けた。

休憩。老婆は腰を下ろすと、手に持っていた茎の葉を無造作にちぎり、乱暴に投げ捨てた。てっきり今晩のおかずにでもするのかと思っていたが、獲物は大きな葉の方ではなかった。残った太い茎を噛みちぎり、歯で皮だけを器用にはぐと太めのセロリのようになった茎の一本を僕に「ほれ」とよこしてきた。

受け取ったものの、食べるのか、吸うのか、噛みしめるだけなのかわからない。老婆を見ていたらボリボリと食べはじめた。

ははん、仙豆だな。疲労回復の効能でもあるのだろう。僕もボリボリと食べてみた。案外歯ごたえのあるさっぱりした味わい。いいタイミングでエネルギー補給ができた。

最後の山場を迎えた。見上げる峠までは約一〇〇メートル。昨日の落石攻撃を受けたエリアだ。まだ工事ははじまっていなかったが、小石がちょろちょろと落ちてきていた。小声で「落ちてきてる」とつぶやくと、英語を解さない老婆も反応して「危ないズラな」というように目を合わせてゆっくりとうなずいた。

老婆は落石攻撃を避けるため、より急な斜面の右端ルートを選んだ。工事エリアから除外されているせいか、低い木々がいくらか生えていた。

登りはじめてすぐに老婆は棘だらけのバラの根元にペットボトルを発見した。ひるむことなく腕を潜り込ませて拾い上げた。山の民として環境を破壊するポイ捨てなど許さないのだ。

キャップをあけ中身をチェックすると少量の液体が残っていた。それを捨て、入念に匂いを嗅いだ。慎重に時間をかけて嗅いだ。そして何かつぶやくとキャップを締め直して、元あったバラの根元に勢いよくぶん投げ捨てた。再利用しようと思ったのだろうが想像以上に危険な匂いだったようだ。

五〇メートルほど登り、休憩。老婆は赤いバラの花をちぎり、耳にさして、「どう、可愛いでしょ」と笑いかけてきた。そして「この世で一番美しいのは、だーれだ」と僕のカメラに訊ねるように写真をせがんできた。記念に数枚撮ってあげた。プリントを老婆に渡す機会は訪れるだろうか。

ようやく斜面を登りきった。

ストゥーパに白いカターを巻きつける老婆。それを撮影すると「正面からちゃんと撮ってよ」と再撮影を要求された。正対してカメラを構えると花を耳に付け直し、やや緊張の面持ちでカメラに収まった。モニターで確認してもらうと「いいわね、ちゃんとちょうだいよ」とうなずきながら手を出して笑った。

ゴールして数分後に工事がはじまった。まだドンキーたちは下にいた。彼らは僕らのようにショートカットができないので、くねくねと斜面を横移動しながら高度を上げていくしかなかった。

落石に怯えるドンキーたちを親父さんとポンセ、パチョレックが励ましながら進んだ。無事を祈るしかない老婆と僕。そんな僕らをあざ笑うかのように自動車道を一台のトラックが走り去っていった。

荷台には工事の作業者たち。その中にメディカルチームのメンバーの一人グラサン姿の香港スターがいた。

「おージュレー！」と手をあげる余裕のスターぶりに、昨日の席の序列が蘇ってきた。

ほどなくドルマたちもどこからかやってきて、ドンキーたちもようやく登りきった。

ドンキーからザックを受け取り、背中をさすって労をねぎらった。老婆とドンキー一行とはここでお別れだ。

僕はみんなに手を振った。この時ばかりは無愛想なパチョレックも笑顔で手を振り返してくれた。

ドルマと二人の女性と四人でユルチュン村まで歩いた。緩やかな車道。ふとドルマが立ち止まった。道端の石を物色しはじめ、目をつけた石をザックにいれた。

「それは何に使うんですか？」

「薬を作るのに使うのよ」アムチにあげるそうだ。

アムチの薬は植物から作られるが、鉱物から作られる薬もわずかにあるらしい。薬草をすり潰すための石かもしれないが、あるいはあんな石ころを削った粉を服用していたのかと思うと不思議な気分だった。

「アムチの薬は自然由来だから副作用が少ない。西洋の薬は即効性こそあるが強い副作用のリスクもある」と誰もが言うが、僕に関して言えば、アムチの薬は即効性もあった。現地で起きた問題は、現地の方法で解決するのが一番なのだ。

昼前、ようやくユルチュン村が見えてきた。拾った石を渡すために、ドルマと一緒に村はずれのアムチの家にいくと香港スターがくつろいでいた。

僕の顔を見るや「おーこいこい」とスターの貫禄で誘ってきた。

ドルマの表情を伺うと「あなたがよければ」という風なので、部屋に入りスターの隣に座らせてもらった。

以前、この家で会った若者が飲み物をサーブしてくれた。

スターが「チャンでも呑むか」というので「もちろんです」と地酒をいただくことにした。ドルマも勧められるまま、みんなで呑んだ。

別れ際、スターは「いつでも遊びに来い。レーならホテルはいらないぜ」とメールアドレスを教えてくれた。昨日まではスイス人や西田に遠慮していたのか、二人きりになったらものすごく饒舌な男だった。

一日ぶりのユルチュン村。知っている景色は安心する。

のどかな畑の脇を歩いていたら、急にドルマが立ち止まり、僕の方を振り返った。

表情にはいつもの澤穂希のようなストイックさが消え、心持ち上気していた。

「道、間違えた?」僕が訊ねると、少女のようなはにかんだ笑顔。

「キスして」と言われるのかと一瞬つばを飲み、身構えた。

「レスト(休憩しましょう)」

酒に酔ったようだ。

＊

ザンポの家に戻ってきて、テラスで日向ぼっこをしながらニェラク帰りの体を休めていたら、無職のイケメン、チョコレスが荷物を抱えて歩いてきた。

「よーうちに来いよ。お茶飲んでけ！」無職なのに、今日も元気だ。

「ジュレージュレー、いいの？」

「オーケー、オーケー、こいこい」

ザンポの家の斜め前の大きな家がチョコレスの家だった。僕をともない玄関から家に入ろうとするが扉には鍵がかけられていた。

「あれ、おいおい。なんで閉まってんだよ」締め出される一家の主。

大声で何度か叫び、ほどなく扉が開いた。

「家に二歳の子がいるから閉めているの。出ていっちゃったら危ないからね」

とびきりの美女が笑顔で迎えてくれた。アジアの純真、デビュー当時のチャン・ツィイーを彷彿とさせる彼女がチョコレスの妻。つまり四人の子の母親だ。

ダイニングに入ると、チョコレスの両親と姉がいた。壁には写真がたくさん貼ってあり、チョコレスと奥さんの若い頃の写真もあった。今以上に美男美女で驚いた。

挨拶も早々にラグに座り、ソルトティ（塩茶）をいただいた。グルグル茶のバターなしだ。続いてチョコレスが「チャン？　チャイ？　グルグル茶？　何がいい？」と指を折りながら訊ねてきた。

「いきなりチャン？」

「チャンか！　オーケー！」

いやいや違う違うそんなつもりじゃないよと言い直そうと思ったがもう遅かった。

チョコレスは妙に嬉しそうな顔をしてさっさと部屋の奥へ消えていった。その後ろ姿に両親の顔が曇った。

チョコレスが奥からチャンの入ったボトルを持ってきた。一リットルはあるだろう。

湯呑みに注がれるチャン。まずは一口。うまい。

今朝アムチの家でいただいたチャンほどフルーティーではないが、どぶろくに似た微炭酸の呑み口はすっきりしていて味もしっかりあった。

そこへ親父さんがしかめっ面で一言。明らかに「昼間っからチャンなんぞ呑みおって」といった小言だ。チョコレスは「日本人が呑みたいっていってんだ」と抗弁風に何かを言い返した。

僕に三杯ほどチャンを注ぐと、「じゃあ俺も」とチョコレスも自分用に湯呑みを出してきた。ゴクリと一口呑むやいきなりフルスイング。

「酒は悲しみを忘れさせてくれる」

深夜二時に寂れた酒場のカウンターで酩酊寸前にこぼれるようなセリフを吐いた。まだ昼の一二時を過ぎたばかりだ。

「え、ああ、そうだね。日本、いや世界中で酒は悲しみを忘れさせてくれているよね」

そう返すとチョコレスは嬉しそうに湯呑みを傾けた。

「妻は言うんだよ。仕事しろ。何か作れ。それればかりさ。でも酒が悲しみを忘れさせてくれる」

再び湯呑みを傾け、グイッとチャンを流し込むチョコレス。手の届く距離にいる妻を気にする素振りもない。ならば、僕もフルスイングで応えよう。

「俺も同じだよ。酒ばかり呑んでないで仕事しろ。旅行ばかりしてないでって言われるさ」

「オーケー」

お互いが日頃の苦しみや悲しみから酒で逃げている人種だとわかり、健闘を讃え合うように握手するバカ二人。その二人を醒めた目で一瞥する美人妻と冷笑する姉。当然だ。なにせ二人は授乳しながら僕らを眺めているのだから。

親父さんが呆れ顔で「チャン呑んだら、こいつはすぐ寝るからな」と両手を合わせて枕にするジェスチャー。「そんなことあるか」と凄むチョコレス。彼の腕時計の針は七時を指したままずっと動かない。彼は若い頃からずっとこうなのだろう。

しかし無職といっても、何もしていないわけではない。ザンポにレーへ連れていってもらい、一週間くらい働いて現金収入を得ることもあるそうだ。

友達にもらったという服装はニット帽にダウンベストとファッショナブルで着こなしも素晴らしい。無職なのも無頼な雰囲気でどことなくクールに感じた。

ラダックでは際限なくお茶を勧められるが、酒も切り上げ時がわからない。すでに一家は昼食を食べ始め、早く食べ終わった姉は洗濯に向かった。

酒が進むにつれ、チョコレスの勢いは増していった。僕らは一本目のボトルを呑み干すと二本目に突入。すでにチョコレスはフラフラだ。しばらくして、二本目も粗方呑み干した頃、外から何かを叫ぶ声が聞こえてきた。その声にチョコレスが窓から顔を出し、謝った。誰かとの約束をすっぽかしていたようだ。

この辺りが潮時だ。

「そろそろ帰るよ」と言うとチョコレスも「オーケー、オーケー、また呑もうな」と脳の半分は停止しているような顔をしながら言った。

僕はチョコレスと握手して立ち上がり、お母さんと親父さん、美人妻に挨拶をした。

「ジュレージュレー、ごちそうさまでした」僕はチョコレスに視線を投げながら言った。

「なんかごめんなさい。チョコレス、大丈夫ですかね？」

「いいのよ、いいのよ、いつものこと。大丈夫よ」

奥さんはチャーミングな笑顔を少し曇らせながら僕を見送ってくれた。

チョコレスは壁にもたれて、もうすでに寝入っていた。

ザンポの家に戻ると、素っ頓狂な顔をしたスイス人の若い女性がいた。「サラよ」と百点満点の笑顔で握手をもとめてきた。こちらの胸襟を無理やりこじ開けてくるような社交性に戸惑ったが、「ジュレー、ミチタカです。ミチでもいいですよ」と差し出された手を軽く握った。

夕食はスイス人のサラが一人増えただけで一気に賑やかなものとなった。

サラは言語に興味があるらしく、ザンボを質問攻めにし、ラダック語のフレーズをノートに書き込んでいった。

ただラダック語の習得に熱心な割に文化への興味は薄いようで、食事やお茶の断り方も忖度ゼロで「ノー!」と一方的。というか、そもそもお湯しか飲まない。食事もスズメくらいしか食べずにほとんど残した。人の食器やテーブルも平然とまたいだ。

旅のはじまりはいつだって好奇心だが、その好奇心が何に反応するかは人それぞれだ。ゆえにたとえ同じ地を訪れても、一つとして同じ旅はない。

サラから見えるユルチュン村は、僕とはまったく違う景色だろう。

七月九日　ユルチュン村

屋上の仏間の前で朝日に輝く山やまを眺めていたら、ドルマがやってきた。毎朝のルーチン。今朝はニェラク村で摘んできた黄色い可愛い花を供えた。そして扉の横にある太鼓を「ドンドンドンドンドンドンドンドン……」と叩き、いつもの様に村に朝を告げた。

今日はザンポの家の裏のテントで寝泊まりしている出稼ぎネパール人たちの休日のようだ。水場近くの広場で椅子を並べて、酒を呑んで騒いでいる。そういえば昨日テラスにいたら彼らがやってきた。

「あれが欲しいんだけど、あれ。わかるよな」と僕に小声で話しかけてきた。

「え、何？　わかんないな。マリファナかな？　持ってない」

「いや、酒だよ、酒。アルコール」

「酒？　今ザンポがいないから、ドルマに聞いてみるよ」

ドルマを呼ぶと、ネパール人たちは彼女に金を払ってラム酒を受け取った。頻繁にレーへ行き来しているザンポは都会の商品を扱うブローカーのようなこともしているようだ。

今日はドルマの娘たちがやたらと絡んでくる。サラに絡もうとして「ノーー！」とすごい剣幕でキレられたからかもしれない。水場で顔を洗っていたら、もう一人女の子を引き連れ三人で、僕の背中を濡れた手でベタベタと触ってきた。さらにTシャツを引っ張り、逃げ惑う僕を追いかけてくる。見かねたドルマが子供たちを怒鳴りつけた。

それは凄まじい剣幕だった。僕でも泣いただろう。子供たちが泣き出してもやめることなくドルマは怒鳴り続けていた。この時ばかりはラダック語がわからなくて、よかった。

夕暮れ。三階の仏間の前から、村を眺めていた。忙しなく行き交う母親たちが見えた。夕食作りの合間に羊たちを迎えにいくドルマ。戻ってくると仏間に上がり、朝入れた水を戻し、バターランプに火を灯した。

お茶を飲みながら、ドルマの夕食作りを眺めていた。今晩はティモ。トマトペーストを混ぜたり、ターメリックをいれたりして、徐々にいい香りがしてきた。

そういえば、サラを見かけない。

「あれ、サラはどこかへ行ったのかな？」

「ああ、なんか別の家にご飯を食べに行ったわ」

何でも寝るのはこの家だが、いろいろな家庭を体験したいと言い出したらしい。

「でも、ご飯は少ししか食べないし、お茶も飲まないし。私が彼女のお湯を持っていかなければならないのよね」

いつもは無表情で淡々としているドルマもやれやれといった顔をした。

夕食はティモとダル。ラダックの食事はどれも美味しい——唯一の例外はパパだが——が、この組み合わせが一番美味しい。夕食を終えたら、ドルマは子供二人を寝かしつけ、その後は靴下の編み物の続きに取り掛かった。靴下は、もうほとんど完成していた。

大人になると自分はずっと前から大人だった気になるが、人は壺から産まれたわけではない。母親から産まれたのだと当たり前のことを思い出した。

七月一〇日　ユルチュン村

六時四〇分。いつものように太鼓の音が村に響く。今朝も雲ひとつない快晴。そしてユルチュン村、最後の日。明日の朝、僕は標高五〇六〇メートルのシンゲ・ラ（峠）まで歩き、峠の先で迎えの車と合流することになっていた。

最後に村の景色を目に焼き付けておこうと散歩に出た。

水場の脇の丘を上がり、村を眺めた。ドンキーが草を食み、その向こうで羊たちも草を食んでいた。近くでヤクが日向ぼっこをしていた。どこからともなく流れてきたヒマラヤの雪解け水が小さな泉をつくっていた。その水を飲みに馬がやってきた。向かいの崖に別の馬が見えた。

「きっと明日この村にやってくるよ」近くにいた男が言った。

黄と白と青と紫と赤とピンク。色とりどりの花ばな。畑と草木。四〇〇〇メートルの高地が、こんなにも水が豊富で植生が豊かで、人びとが酒を呑み、ガムを嚙んでいるとは思わなかった。

雨が降って来た。この村に来てはじめての雨。とても短い時間だったけれど、乾燥したヒマラヤの小さな村を少しだけ潤した。


トイレに行こうとしたら、ザンポの妹が水場からタンクを二つかかえて歩いてきた。ザンポは七人兄妹。夏休みでレーから帰ってきている妹は、ザンポ家の隣の両親の家で過ごしていた。

「手伝いますよ」とタンクを持ってあげたら、お茶に誘われた。隣の家だが入るのは最終日にしてはじめて。ミルクティとソルトティにビスケットで迎えてくれた。

ザンポの家は新築というかまだ建築途中だが、こちらは両親の家だけにかなり年季が入っていた。妹さんはご飯作りに忙しそうで、親父さんが相手をしてくれた。僕がソーラークッカーを持ってきたことを知っていて、「うちにもくれ」と妹さんが通訳した。

「すみません。一つしか持ってきてないんです。ザンポと一緒に使ってください」妹経由でそう伝えると少し残念そうな顔をした。

家に戻ると、ザンポが電話をするというので、先にチョコレスの家の裏を少し上ったところにある村唯一の電話小屋に向かった。しかし小屋は鍵が閉まっていた。

どこかに鍵が隠されていないかオロオロと探していたら、映画監督のタランティーノみたいな顔をした男がガムを嚙みながらニヤニヤして近づいて来た。

「ここの鍵、知りませんか？」

「俺が持ってるぜ」

「ザンポが電話したいそうです」

「オーケー。五分待て」五本の指を突き出し、得意気に鍵を取り出して扉を開け、電話を起動させた。

「あなたは、電話担当？」

「おう、そうだぜ」電話は無事繫がった。

「怒怒怒怒怒怒怒怒怒」

最初は穏やかだったザンポが豹変した。ラダック語なので何を言っているか理解できないが、激昂した口調からはザンポが完全に沸点を超えているのがわかった。

受話器を耳に当てたままヤンキー座りで顔は紅潮し、見るからにガラが悪かった。あまりの剣幕にタランティーノも後からきたメガネ女子も戸惑っていた。

電話が終わるとザンポは恥ずかしさと怒りが入り混じったような苦々しい顔をしていた。

これほど怒り狂っている人間を間近で見るのは久しぶりだった。


家に戻ると、僧侶が二人いた。

一人は朱色の袈裟をまとい恰幅のあるいかにも徳の高そうな雰囲気で、見た目は全盛期の織田無道のような迫力があった。もう一人は若くスマートで、朱色の袈裟の上に赤いパーカー、赤いキャップとジャスティンビーバーのような今風な雰囲気だった。

無道は勝手に僕のサンダルを履いていた。

「あ、それ僕の」思わずサンダルを指差してしまった。

「おーそうか小僧、返そうか」無道が言った。

「いや滅相もないです」この地では僧侶は敬うべき最上級の存在。履いていただけたこと

のかもしれない。

を感謝すべきだ。
「そうか。じゃありがたく」遠慮のかけらもなかったが、徳を積ませるのも僧侶の役目な

テラスでは白人の老夫婦がテーブルと椅子を出して、お茶を飲んでくつろいでいた。部屋には娘らしき見知らぬ少女二人が熟睡していて、僕の荷物はサラの泊まる向かいの客間に移されていた。昨日ネパール人たちがパーティしていた広場には、馬を連れた白人カップルがテントをはっていた。

お茶を飲みながらドルマに事情を訊ねると、白人たちは明日ニェラク村に向かうトレッカーたちだそうだ。

「そうか、いよいよトレッキングシーズンが到来したんだね」

知ったようなことをつぶやいていると、ドルマが「これ」と思春期の女子のように恥ずかしそうな笑顔で、このところ編んでいた靴下を差し出してきた。

「私たちの羊の毛で編んだの。とても暖かいから冬に履いてね」

てっきり子供かドルマが履くために編んでいると思っていた。

心底驚き、感激した。

日も暮れてダイニングで無道たちとお茶を飲んでいたら、俳優の小倉久寛のような顔をした初老の男がやってきた。背は低いが山の民らしく胸囲が広く、筋肉の塊のような体格をしていた。明日の朝、僕と一緒にシンゲ・ラ（峠）まで歩いてくれるそうだ。

小倉も加わり、みんなでモモを食べていると村の女性二人と子どもたちがダイニングに入ってきた。無道に「スペシャルディナーを用意しましたので、ぜひお越しください」という。そして僕に向かって「あなたのためでもあるのよ」と笑顔で誘ってくれた。

連れて行かれたのは、村の中腹にある集会場のような建物だった。

入ると薄明かりの中、三〇人くらいの人だかりが見えた。おそらく村のほぼ全員が来ているだろう。子供たちもいた。女性陣がモクモクと蒸気の充満した暗がりでモモをつくっていた。何かよからぬ物を生成する秘密工場のようだった。

一段高い主賓席に無道とジャスティン。その横に僕。酔いどれチョコレスと電話番タランティーノが並んで、僕のすぐ近くに座ってきた。遅れてサラもやってきた。

女性陣がチャンとお茶をガンガン勧めてきた。案の定、サラはチャンもお茶もすべて「ノー！」と拒絶し、「疲れているから」と言い残して早々に離脱していった。

酒の入ったチョコレスが、可愛い娘が歌っている動画をニヤニヤしながら見せてきた。三〇歳という。女優の木村文乃を少しふっくらさせた雰囲気だった。

「日本の女優に似ているよ。可愛いね」

「タランティーノがこの娘を気に入っているんだぜ」チョコレスがニヤニヤした。

「いうな、おい」焦るタランティーノ。

「この画面にキスしろ」タランティーノに迫るチョコレス。

「いやだよ」嫌がるタランティーノ二七歳。

「俺はできるぜ」余裕で画面の彼女にキスする無職の四児の父チョコレス。

「おーすげー」大袈裟にのけぞるタランティーノ。

「ミチタカ、お前もやれ」チョコレスが踏み絵のように迫ってきた。

「俺は結婚しているからな」と妻の写真画像をスマホに出し、その画像にキスしてみせた。

「おーさすがだぜ！」「ヒャッホー！」と大喜びの二人。

僕らはそんな小学生のような会話を一時間以上も繰り広げていた。

ザンポも先ほどの怒りはすでに過ぎ去り、酒で上気した顔をほころばせながら周りと談笑していた。

威勢のいいお母さんが、「ミチタカ、ドンドン！（呑んで呑んで）、ドンドン！」と何杯も何杯もチャンを注いできた。こういう面倒見のいいおばちゃんはどこにでも一人はいる。暇すぎて死にそうになっていた隣のジャスティンに「あなたたちは村を訪れるたびに、こういうパーティに招かれているのですか？」と訊ねると、「いやいや今回は特別です」という。「君はまだモモを食べられるかい？」と訊ねてきたので、「ちょっとなら」と返しておいた。

「もうこのモモいいわよ」村の学校で先生をしていたお母さんがみんなに声をかけた。するとと無道がすっと立ち上がった。

時折、居眠りしていた若造のジャスティンとは違い無道はこの二時間ほどもお経のメモ帳を読んでみたり、周りの村人と談笑してみたりと背筋すら崩さず、格の違いを見せつけていた。料理ができあがったことで、ひとこと歓迎の礼でも述べるようだった。

二時間待たされたお礼だけに返す刀で無道の挨拶も長い。チョコレスの通訳だと瞑想の重要性を説き、羊や山羊やヤクや馬といった家畜を愛せよという説法のようだった。

いつもケタケタ笑っているお母さんが身を乗り出して真剣に聞いていた。彼女だけじゃない。みんな一言も漏らすまいといった表情だった。激しくうなずき、時に質問をしたり、合いの手を入れたり。一五分はゆうに語っていただろう。終わると大きな拍手が沸き起こった。

そして村からのお礼の白いカター。酒を呑んでいただけで何もしていない僕までいただいてしまった。

無道からはお返しとして分厚い経典を村に贈り、式典は終了した。そしてモモラッシュの始まりだ。

僕を入れた主賓は皿にモモを盛り付けてもらう。あとの人は手皿。タランティーノが三日ぶりの食事のような、ものすごい食欲を見せていた。

無道は少しだけ食べると、後はみんなでという感じに皿ごと村人にまわしていた。そんな手もあるのかと僕もまねしてみたが、周りから「お前はもっと食え」と笑って断られてしまった。

一時間ほど食べ続けて、もう腹がはちきれそうだと思っていると無道がすっと立ち上がった。「まだまだ!」と村人全員から引き止められたが、そこは無道。貫禄で集会場を後にした。

タランティーノに、「このパーティは何時までやるのかな?」と訊ねると、ニヤニヤして「瞳を閉じるまで」とウインクしながら平井堅のようなことを言ってきた。かなり酔っているようだが、それが本当ならまずい。明日は早朝から五〇〇〇メートルの峠まで歩かなければならないのだ。

そんな僕の不安を察したのか、ザンポが「眠かったら戻るか? 明日、早いんだからな」と助け舟を出してくれた。さすがしっかり者のザンポだ。ザンポの言葉にうなずき、無道のように僕もすっと立ち上がった。すると、全員から「ダメ! ダメ!」の大合唱。美人妻のチャン・ツィイーも「座んなさいよ」と両手で大袈裟なジェスチャー。

隣のチョコレスの顔を伺うと、「もうちょっとだけ座れ」親指と人差し指で一センチくらい隙間を作った。じゃあもう少しだけと腰をおろすと、「そうそう、さぁ食べましょう」みんな満足そうに笑顔で何度もうなずいた。

慣習とはいえ、最後の夜にみんなが別れを惜しんでくれているようで嬉しかった。

モモの次はティモ。さらにボリュームがアップするからなおきつい。もう僕の腹はヘソがひっくりかえってシワがなくなるほどせり出ていた。でもせっかくなので、一個だけいただいた。ほどなく「そろそろ」と立ち上がった。今度は先ほどより引き止めはなかった。もうみんな眠そうだった。美人妻なんて授乳しながら完全に寝ていた。彼らはいつまで続けるのだろう。

ザンポと一緒に家に戻ると、客間で無道が豪快ないびきを立てて寝ていた。

七月二日　シンゲ・ラ（峠）

四時に目が覚めた。まだ寝ている無道を起こさないよう静かに荷物をパッキングした。

すでに小倉は起きていて、ダイニングでお茶を飲んでいた。昨晩、「日本人の男と同室なんて嫌よ！」とダイニングで寝たサラも強制的に起こされる羽目になった。

パッキングを終えてダイニングに行くとドルマがチャパティとヨーグルトを出してくれた。無言で体育座りをしていた寝巻き姿のサラが、僕がこちらに来たから部屋が空いたと思ったのだろう、ダイニングを出て行った。が、すぐに戻って来た。無道が豪快に寝ているとは思わなかったようだ。

六時、出発。

「来年また来てね」ドルマが笑顔で言った。

「冬は別世界だぞ」ザンポが笑った。

子供たちはまだ寝ていた。

冬か。昨晩チョコレスに冬のユルチュン村の写真を見せてもらった。背丈ほども雪が積もっていた。雪と氷に閉ざされた村は、どんな世界なのだろう。

「親切に迎え入れてくれて、本当に感謝しています。とても貴重な経験でした。ジュレージュレー」

結局、ソーラークッカーは使わずじまいだった。
「ソーラークッカーもぜひ使ってください。冬のラダックも訪れたいけど。どうかな」
別れがなければ、旅ではない。
「それじゃあ、ジュレー」

丘を登り、車道の手前の小屋でドンキーと合流し、僕のザックと小倉の白い容器を縛り付けた。「それは何ですか?」と白い容器を指差すと、「チャン、シンゲ・ラ」と小倉はニヤリと笑った。ストックがわりに手頃な木の枝を見つけて、歩き出した。

ドンキーが抱きしめたいくらい遅く、僕らはゆっくりと歩き続けた。別に急ぐ旅でもない。道は一本。いずれどこかで迎えの車と出会えるはずだった。

一時間半ほど歩くと、道の脇に雪が現れた。空気は薄いがひんやりしていて暑くないので体は楽だった。小倉は喉が乾いたのか、「シンゲ・ラ」と言っていたチャンをもう呑み始めていた。

出発から四時間。五〇六〇メートルのシンゲ・ラ(峠)に到着した。タルチョーとカターがはためく小屋を風除けにして、ドルマが作ってくれたチャパティを小倉と分け、チャンを呑んだ。壮大なパノラマを前にしたランチは格別だった。今ならきっとあのまずいパパもモグモグ食べられる気がした。

五〇〇〇メートル超えの景色に浸っていたら、ラダッキーの若者が話しかけてきた。どうやらガイドのようで、白人夫婦と娘を連れていた。

「どこに行くんだい？」

「これからレーに帰るんだ。ユルチュン村に一〇日くらいいたんだよ」

「ユルチュンに一〇日もいたのか。それは珍しいな」

「君は？　どこへ行くんだい。ガイドだろ？」

「そうさ。彼らと一緒に二〇日間のトレッキングをしているんだ」

「二〇日とは、すごいな」

「うん、長いコースだね。しかし君の事、ラダッキーだと思ったよ」

顔は日焼けし、ヒゲも伸び放題。何よりボロボロのジーパンに、ペチャンコの偽物のダウンジャケットでは、まるっきりローカルの服装だった。しかも連れは山の民の小倉ときていた。

「ははは、そうかな。ところでさ、ガイドなら教えてくれよ。冬のラダックは別世界だって聞いたけど、どんな感じなんだい」僕は彼に訊ねた。「チャダルは危険なのかな？　ガイド料もすごい高いって聞いたよ」

チャダルにはロマンがあるわとメディカルチームのドンのスイス人は言った。

雪山はおろか登山ともトレッキングとも無縁だが、ロマンという言葉に僕は好奇心をかき立てられていた。

「冬はまるっきり別世界さ。チャダルを歩けば、ザンスカールまで行ける」彼は言った。

「冬のザンスカールは本当に美しいよ」

「ザンスカールか――」

ザンスカールには、二〇年前のラダックが残っていると誰かが言った。あの言語人類学者が本で語っていた頃のラダックがまだあるのだろうか。

「チャダルもちゃんとしたガイドがいれば、危険ってこともないよ。よかったら俺がガイドしようか。直接連絡してくれればエージェンシーを通さない分少し安いと思うよ」

僕の英語力に合わせてくれているのか、初対面の彼との会話はとてもスムーズに感じた。

「冬のザンスカールはそんなに美しいの？」

「美しいさ。素晴らしいぞ。俺はザンスカール出身なんだ」

そしてガイドの若者は僕のメモ帳にメールアドレスをささっと書いた。妙に整った筆跡にどことなく誠実さを感じた。

「ロータス？」

「ああロータスだ、よろしく。よかったらメールをくれよ」

ロータスは右手を差し出した。僕はその手をしっかりと握った。


迎えの車がやってきた。

ヒマラヤの景色を眺めながらレーへと走った。

しばらく移動手段は歩くだけだったから、久しぶりの車は不思議な感覚だった。風のように流れていく景色に、視神経がまだ慣れていない感じがした。

羊たちを放牧している人がいた。車を停めて、近づいていくとハヌパタ村で泊めてくれた子泣き爺に似た赤ら顔のお父さんだった。チャパティ片手にチャンを呑んでいた。

「ジュレー！　この前泊めてくださって、ジュレージュレー！」僕は叫んだ。

不思議そうな顔をするお父さんに、ドライバーさんが通訳した。

「あーあんた、あん時の日本人かい！　てっきりラダッキーかと思ったよ」とお父さんは驚き、はじめて会った時と変わらぬ人の良さそうな笑顔でチャンのボトルを回してくれた。

II

冬

一月一八日　レー

数日前、大寒波がラダックを襲い、水道管が破裂したから宿泊はできなくなったと連絡が入った。急遽メインバザール近くに建つちょっと高級なホテルに変更となったのだが、宿代の差額は予約サイトの業者が払ってくれるという。元々はバザールまで一キロ以上も離れていた安宿だったからラッキーだ。

ラッキーといえば、トランジットの北京からデリーまで人生初のビジネスクラスを味わった。隣の席には若くて美しいインド人女性。オードブルのカルパッチョを頬張りながら、こんなこともあるんだなとフカフカの座席に埋もれた。旅のスタートはあまりにも幸先がよかった。

僕は用心して厚手のフリースをはおり、タラップに降りたった。

レーの飛行場にはヒマラヤの強い日差しが降り注ぎ、空港スタッフがワイシャツ姿で悠然と歩いていた。真冬のラダックはマイナス二〇度以下になることも珍しくないと聞いていたが拍子抜けした。

夏はインド人や欧米人の旅行者でごった返していたメインバザールの目抜き通りは、ほとんどシャッターが閉まっていた。ただ閑古鳥ではなく、ラダッキーたちで賑わい、活気は感じた。当たり前だが、彼らは一年中このヒマラヤのはずれの小さな街に暮らしているのだ。

路地裏の適当に入った定食屋で大皿に盛られたフライドライスを注文した。一〇〇ルピー(一ルピー=約一・七円)。直前の北京と比べて質素な味わいに、チベット圏に入ったことを実感した。

一八時を過ぎると太陽は沈んだ。一九時、部屋にホテルのスタッフがやってきて水道管を閉めた。水抜きをしないと水道管の中の水が凍り、破裂するという。泊まるはずだった安宿は、この水抜きがうまくいかなかったのだろう。

夜、さらに冷え込むが冬山登山用のインナーにニット、さらにフリースを着込んで布団にくるまればなんとか耐えられた。多少頭は痛むが、日本、中国と風邪気味だった体調もここにきて回復してきた。ビジネスクラスのおかげだ。トイレの水が流れないので、大便の上に小便をして寝た。

夜中二時、猛烈な犬の吠え声に目が覚めた。犬は延々と吠え続けていた。

朝六時。夜明け前の街に今度はイスラム教のコーランがけたたましく鳴り響いた。独特の節をつけた伸びやかな歌声は、子供の頃毎冬リヤカーを引いてやってきた石焼き芋屋のお爺さんを思い出した。レーではイスラム教は少数派のはずだが、この押し出しの強さが一神教か。

七時頃になり、ようやく窓の外が明るくなってきた。八時、ホテルのスタッフが部屋に入ってきて、水道菅を開けてくれた。ようやく大便と小便を流し、ホットシャワーを浴びたら熱湯が出てきた。慌てて昨晩バケツに溜めておいた冷水でうめながら体を洗った。

外に出るとホウキで道を掃く人、昨日のゴミを回収している人がいて、バザールも眠りから覚めはじめていた。

路地裏のチャイ屋に入った。マリオみたいな顔をした店主がパンを焼いていた。そのパンを指差し、チャイをオーダーした。バターをたっぷり塗ったパンは固いが出来立てで、湯気立つチャイと一緒に体を温めてくれた。逆立ったまま凍りはじめていた髪が少しずつ解けていった。

道端に痩せこけた犬が凍りついていた。その屍体を塀の上からじっと見おろす犬がいた。親子？　そのうちバリバリと喰うのだろうか。犬は空腹なら飼い主の死骸さえ無駄にせず喰うという。死を喰う犬だ。むごいなと通り過ぎようとしたが、はたと立ち止まった。僕だって死を喰って生きている。命とは、他者の死を喰うことでしか、繋ぐことはできない。生きるとは、そもそも罪深いのだ。

一月一九日　レー

「ハロー、ウェルカーム！」ホテルにロータスがやってきた。
ハイテンションで歓迎の白いカターを首にかけてくれた。
「あれ、もっとワイルドじゃなかったか？」とロータスが笑った。
夏にシンゲ・ラ（峠）で出会った時は、一〇人いれば九人がラダッキーと間違えるような日焼けした髭面の風貌だった。ラダックに到着早々のつるりとした丸顔にやや面食らったようだ。

ラダックは空港のあるレーを中心としたレー県とイスラム教徒が幅を利かせているカルギルの街を中心としたカルギル県の二つの県で構成されている。

ラダックの西南、カルギル県に属するザンスカール地方は険しい山やまに囲まれ、今のところレーからカルギルの街に行き、そこから峠道を通るしかたどりつく方法はない。真冬になるとその唯一の峠道さえも雪でふさがり、外界との交通手段はなくなってしまう。まさに陸の孤島だ。

だが寒さが最も厳しい一月中旬、忽然と現れる「幻の道」がある。レー県を流れるインダス川に流れ込むザンスカール川が凍結し、その氷の上を歩けるようになるのだ。「氷の回廊」とも言われるこの幻の道を人びとは「チャダル」と呼ぶ。

僕はこのチャダルを歩き、二〇年前のラダックが残っていると言われるザンスカールへ行くため、再びラダックに帰ってきた。

ひと度チャダルに踏み出せば装備の補充はできない。さっそくロータスに装備をチェックしてもらった。冬山登山用の服装と手袋はオーケーだが、靴下は四足（プラス二足）は必要だという。寒い時は二重に履き、汗をかいたら冷えて凍る前に履き替えるためだ。

問題は寝袋だった。友人から厳冬期用の寝袋を借りてきたが、ロータスは厚みを入念にチェックしながら「うーん、ちょっと心配だ。これだと耐えられないかもしれない」と言った。今回のために新調した六五リットルのザックの半分のスペースを占めていた巨大な寝袋でも耐えられない寒さなのか。追加で小さな寝袋を買うことも検討したが値段が高すぎた。

結局この寝袋はホテルに置いていき、ロータスからインド軍払い下げの寝袋を借りることにした。サイズは丸まった三歳児くらいあったが、何よりも必需品だとロータスが力説するので持っていくことにした。

細々したものはレーの街で手に入れた。

追加の靴下二足（六〇ルピー）。靴下より軽そうなゴム長靴（四〇〇ルピー）。グリップが弱いので氷上では滑りまくるらしいが防水性は抜群で膝下まですっぽりカバーしてくれる。サーモスの偽物の水筒（六五〇ルピー）。温かい飲み水は氷点下の世界では不可欠だ。

フェイスマスク（五〇ルピー）。強風時に肌を露出していたら凍傷になりかねないそうだ。ひとまず準備は整った。電灯のない真っ暗闇の中をロータスが照らしてくれるスマホの明かりを頼りにホテルへ帰った。

今夜も夜中二時過ぎになると数頭の犬が猛烈に吠え出した。

一月二〇日　シングラ・コンマ

街に轟くコーランで目が覚めた。部屋は停電していた。誰も僕の言い分を聞き入れてくれない。やってもいない痴漢の嫌疑をかけられる夢を見た。寝覚めはすこぶる悪かった。ロータスは約束の時間から五〇分ほど遅れてやってきた。ストック代わりにと丈夫そうな木の杖を一本僕にくれた。

ロータスのザックは成人男性が入るくらい大きかった。六五リットルの僕のザックの倍はありそうだ。寝袋に加えて――僕の寝袋は自分で背負っている――チャダルで食べる数日分の食料や調理器具、テントが詰まっているからだ。その巨大ザックには手作りの木製の橇《そり》が紐で括《くく》られていた。氷上ではザックを橇に載せて滑らせて運ぶのが基本スタイルだそうだ。

眼下では、ややグリーンがかったインダス川と美しいブルーのザンスカール川が交差していた。どちらの川もまだ凍りついてはいない。この辺りから未舗装の険しい石ころだらけの山道に入った。

ホテルから二時間ほど車で走り、チャダルのスタート地点となるグル・ドのベースキャンプに着いた。車道から川に向かって、大きなテントがいくつも見えた。辺りは送り迎えのタクシーやバス、ガイドやツアー客でごった返していた。

車から降り、大きなキッチンテントに入った。インド人数人と白人一人が食事をしていた。僕もここでチャパティ二枚とメギと呼ばれるマサラ風味のインスタント麺を昼飯にいただいた。チャイを飲んで、いよいよ出発となった。しかし明確なスタート地点があるわけでもなかった。大した感慨もなく、ザックを背負いなんとなく歩き始めた。

ツアー客の多くは手ぶらか、飲み物とカメラ程度の軽装に対して、同行するポーターたちの中にはロータスのザックよりはるかに大きな荷物を背負った者もいた。凍った川の上では橇に荷物を載せて引っ張っていくので、常に背負っているわけではないとはいえドラム缶くらいばかデカい荷物もあった。ポーターたちはいずれも小柄なので、余計に荷物が大きく見えた。なんてタフなんだ。

高性能の装備がなくとも、悪条件だって物ともせず、知恵と肉体の逞しさで突き進んでいく。彼らはまさに真の強さを備えている。

岩場を歩き、ようやく凍ったザンスカール川におり立った。川幅は五〇メートルもないだろうか。登山靴を通して、氷の分厚さを感じる。この下に川が流れているとは到底思えない安定感だった。耳をすますと、かすかに水の流れる音が聞こえてきた。少しだけ怖い。

「氷の上は歩くな。滑るんだ」

ロータスが氷上の歩き方をレクチャーしてくれる。陸地のように上から足を着けば、グリップする接地面が小さく、滑るリスクが増すのだろう。足裏全体を接着させて滑らせながら進んでいくのがコツのようだ。

「俺の通った跡をたどるんだ」

氷は分厚く見えても薄い箇所もある。割れて川へ落ちてしまい、流されて氷の下で亡くなる者も時折いるという。氷の硬軟は素人目には判断が難しいから、ロータスの轍をなぞればリスクは最小限というわけだ。

なかなか勝手が難しいが、カーリングの選手が氷上をスーと移動していくイメージで、うまく進めると気持ちがよかった。気温は氷点下だろうが、体を動かしはじめたら強い日差しにすぐに汗ばんできた。


しかし現実感のない景色だ。標高三〇〇〇メートル以上。足元は氷の床。頭上は青い空。周りは岩壁。片側は太陽に赤く照らされ、逆側は影となり薄暗い。そのコントラストの狭間でただひたすら滑り進んでいく。

足元の氷をよく見ると歩き荒らされ傷だらけだった。岩場の砂や靴についた土が氷の割れ目に入り、茶色く濁っていて、さほど美しくもなかった。

二時間ほど歩いたところで、ロータスが「今日はフィニッシュナ」と言った。

もう終わりかと拍子抜けしたが、時刻は一六時。陽が落ちてしまえば、視界が悪くなり、灯りのない氷上では大きな割れ目にハマったり、川に落ちたりするリスクも増す。チャダルでの行動時間はそんなに長くないようだ。氷上から岩場の斜面を五メートルほど上がったところに口を開けている洞穴に向かった。

「今夜はあそこにステイナ」

時折ロータスの語尾につく「ナ」が気になった。

洞穴のスペースは三畳ほどだった。ひとまずザックを下ろして、テントの設営に取り掛かった。

生まれてはじめてのテント作りだ。ワクワクする僕をよそに、ロータスが妙にキョロキョロとしだした。

「どうしたの?」

「うーん、スポークがない」

「え!　それじゃあテント立てられないじゃないか」

僕は半笑いで言ったが、川が凍るほどの地でテントがなくても大丈夫なのかと途端に不安になってきた。

「インド人ツアーをガイドしている友だちが近くにいる。連絡すれば大丈夫ナ」

まだスタート直後なので、かろうじて電波も通じるようだった。しかし今度は携帯電話がないと言い出した。

「たぶんさっきの車の中だ」出っ歯のトムクルーズみたいな顔をしかめるロータス二八歳独身。

「一回戻るか?」と訊ねてきたが、「向こうにスポークはあるの?」と返すと、三秒ほど黙り、枝を探してくると宣言し対岸の岩壁へと消えていった。こんな氷の世界にスポークの代わりになるような、めぼしい枝などあるとは思えなかった。

一〇数分後、ロータスは二メートル前後の細い枝を数本持って帰ってきた。調理用の包丁で手早く表面のトゲトゲを削り落とし、たちまちスポークっぽい枝が完成した。たくましい対応力に驚いた。

若干スポークより太いので多少難儀したが、不格好なりになんとかテントを自立させることができた。川の上なら山から吹きおりる風が強くて潰れてしまうだろうが、洞穴なら多少風からは逃げられるようで大丈夫そうだった。

川の中央部の凍っていないところから汲んできた水でチャイを作り、ここでようやく一息ついた。

街から持ってきたチャパティを食べている間、ロータスは「向こうでインド人ツアーが幕営しているから、テントを借りられるかもしれない」と暗闇に消えていった。

陽が沈むとかなり寒くなってきた。厚手のダウンジャケットを着込んだ。洞穴の中は静かだった。氷の下を流れる川の音しか聞こえなかった。この地には生き物など存在しないかのようだった。

一時間ほどすると人の声が聞こえてきた。ロータスが友だち二人を連れてきた。一七人のインド人ツアーのガイドをしている彼らは、有難いことに四人用くらいの大きなテントを携えてきて、あっという間に設営してくれた。そしてようやく夕飯となった。煮豆のダルカレー。腹が減っていたので、大盛をペロリといただいた。

夕飯が終わると、あとは寝るだけだった。

インド軍の寝袋は分厚い二つのダウンの寝袋を二重にすることで防寒力と保温力を高める仕組みになっていた。臭かった。顔だけ出してジッパーを閉めると目の前に氷を置かれているような冷気を感じたが、その他の部分はまったく寒さを感じなかった。

「寒くないか？」ロータスが訊ねた。

「めちゃくちゃ暖かい」この分なら大丈夫そうだ。「チャダルの寒さはこれくらい？」

ロータスは笑って答えた。

「この先のニェラクって村は、マイナス四五度ナ」

一月二日　ディップ・バオ（洞窟）

七時にはもう辺りは明るくなっていた。

「日の出？」と訊ねると「チャダルでその判断は難しいナ」とロータスは答えた。それはそうだ。そもそも周りは山に囲まれていて地平線が見えない。陽がかなり高くなってからでないと太陽の姿を拝むこともできなかった。

朝飯は甘いミルクのおかゆを食べた。パッキングして九時に洞穴を出た。

ザンスカール側からレーに向かうラダッキーとすれ違った。ロータスと同じような手作りの木の橇を引き、折り畳んだ寝袋マットと小さなボストンバックをくりつけていた。

「ジュレー」と笑顔で声をかけると「ジュレー」と柔らかい笑顔が返ってきた。

彼の相棒は白い小さな犬だけ。チャダルは本当に生活路として生きているのだ。

その氷上にはお菓子の袋や破けたビニールといったゴミが目立った。あれだけツアー客がいれば、いくらガイドのロータスたちが気を配っても、ゴミをゼロにすることは難しい。

チャダルは川が凍るといっても端から端まで全行程凍っているわけではなかった。氷の道幅が数十センチなんてところはざらにあった。歩ける幅すらなかったり、あっても氷が緩く、歩くには危険だったりする箇所もあり、その場合は川沿いの岩場を歩くことになった。ときには急斜面の岩場を登ることになり、バランスを崩すと背中の重いザックに振られて落下しそうになった。

ロータスは岩場を前にすると橇を引く紐で輪を二つ作り、一瞬でザックのショルダーベルト（肩紐）にして背負って登った。水陸両用のような便利さだ。ただ、さすがにドラム缶大の荷物を背負っているポーターは一人では背負いきれず、仲間たちと協力しながらなんとか乗り切っていた。

岩場を乗り越えると同じような景色の中をひたすら歩いた。時折、滝が凍りついた氷瀑が現れた。見た目は巨大なツララ。滝が流れながら凍り、落ちることを許されない様は、水墨画のようで不思議だった。

ヒマラヤの太陽光は強く、風さえなければ日向はロングTシャツにフリースで十分暖かかった。しかし日陰となると体感温度がぐっと下がった。さらに風が吹くと防風仕様の上着がないと耐えられないほど寒くなった。

昼飯にインスタント麺のメギを食べ、一時間ほど歩くと氷の緩いエリアに入った。歩くたびに「ミシミシ、ピキピキ」と足元の氷にヒビが走った。「気をつけろ」とロータスに言われたが、どう気をつければいいのかわからない。半ば開き直りながら、ロータスの轍を慎重になぞり続けた。昼過ぎの日差しを浴びた山肌は黄金色に輝いていた。

歩む道のりは平坦ばかりではなく、テレビで観る極地の氷山のように氷が一、二メートルくらい盛り上がっているエリアも出現しはじめた。氷の坂を上り、上から氷の滑り台をヒューとお尻で滑り降りる。少しずつチャダルもアスレチックの要素が強くなっていった。

一四時過ぎ。今日の野営地となるディップ・バオ（洞窟）に到着した。ツアー客もここで幕営するようだった。ただツアー客は川沿いの岩場に集まってテントを張っていたが、僕らは谷を奥へ二、三〇〇メートルほど入った洞穴に向かった。川から離れた方が風は弱まるらしい。

昨晩、「明日はいい洞穴だぞ」とロータスが言っていたが、昨日の倍くらい大きなスペースのある洞穴で風もなく、目の前には小川が流れていて調理にも便利そうだった。

ツアーに同行しているロータスの友だちたちが、スポーク代わりの枝を見つけてきてくれた。昨日よりはるかにテントらしいテントになった。この辺りは少しだけ木々が生えていて、時折、鳥たちの姿を見ることができた。

薪を探しにいったロータスをボーっと待っていると視界に動くものが入った。岩場を横切る小動物。マーモットか。でも冬眠中のはずだ。

戻ってきたロータスに目撃した姿形を伝えると「それはバイカだナ」という。しかし二二歳からガイドになって六年目、毎冬四、五回はチャダルをガイドするロータスをしても、この辺りではバイカはおろか鳥以外の動物を見たことがなく、「本当なら相当珍しいぞ」と意外そうな顔をした。一瞬とはいえ確かに小動物だったと思うのだが……。

チャイやグルグル茶を飲んで休んでいると急激に寒くなってきた。一七時を過ぎると外でじっとしていられないほどで、テントに入り、日本から持ってきたホッカイロで足先を温めた。

今夜ロータスは仲間たちのテントで寝るという。夕食のラビオリパスタを食べると一人になった。

まだチャダル二日目だが、ここでの時間はあまりにシンプルだった。

陽が沈めば進めないので、一五時頃までには野営ポイントに着かないとならなかった。氷の上を歩いて滑っているか、お茶を飲み、何かを食べているか、テントで寒さをしのいでいるかの三つしかない。しかも一日の半分以上はテントの中。話し相手もいない。

さっきからテントに小石がパラパラと降り注いでいた。突然、岩壁が崩れ、洞穴が潰れたりしないだろうか。しかし寒い。確実に昨日より寒い。

一月二三日　ニェラク村

今朝の空は六時頃から少しずつ明るくなった。しばらくテントの中にいたら、川沿いでガイド仲間とステイしていたロータスがチャイを運んできてくれた。温かい。体温の上昇を実感していると、また目の前をバイカが横切った。

「あ、あれ、バイカだ！」僕は叫んだ。

「あ、バイカだナ」今度はロータスも目撃した。

だがはじめてここで動物を見たはずなのに、「そりゃバイカくらいいるだろうよ」というようなそっけない反応。もっと驚くと思ったのにがっかりした。

チャパティとダルを食べ、ネスカフェを飲んで出発。久々のコーヒーが美味しい。

しばらく進むと目の前に、溶けたかき氷のような道が現れた。ほんの一〇メートル程度だが迂回路の岩場は急斜面すぎて歩けそうになかった。「長靴ナ」とロータスから履き替えるよう指示が出た。面倒だが仕方ない。登山靴を脱ぎ、ザックにくくりつけ、はじめて長靴に履き替えた。

一歩踏み出す。どっぷりふくらはぎまで氷水に浸る。冷たさこそ感じるが防水性は完璧だった。しかもサンダルのように軽かった。また登山靴に履き替えるのも面倒だったので、しばらく長靴で歩くことにした。

くるぶし辺りまで氷を踏み込むことは度々あったが、長靴だと気にせずガンガン進むことができた。だからロータスたちガイドの多くは長靴だけでチャダルを歩き通してしまうのだろう。しかしグリップは弱かった。登山靴ではこれまで尻餅をつくほど滑ったことはなかったが、長靴に替えた途端、何度も何度も尻を氷上に強打した。ロータスでさえ何度も豪快に尻餅をついていた。

一時間ほど長靴でチャダルを歩くと凍った部分がほとんどないエリアが現れた。長靴といえども、これでは歩けない。岩場を登って迂回するのは正味一〇分程度だが、ここで横着してグリップの弱い長靴のままで岩場を登れば、滑り落ちるリスクが大きい。地上五メートルから氷の上に落ちれば捻挫や打撲は免れないし、川にドボンならあっという間に絶命だ。

再び登山靴に履き替えた。一時間ぶりに登山靴で歩くと、そのグリップの良さを実感した。進むスピードも断然速い。素人の僕には、よほどのエリアでなければ登山靴で歩いた方が良さそうだ。幸い長靴は羽のように軽いので、ザックにくくりつけていてもほとんど重さを感じなかった。

昼飯をとるため休憩となった。氷の上に寝そべり、川を覗き込むと川底までくっきりと見えた。あまりの美しさに水をすくって飲んでみた。日差しのせいもあって喉が凍るほどの冷たさではなかった。

そんな僕を休憩中のインド人ツアー客が不思議そうに眺めていた。

「お前さん日本人かい？」

中国人はチャダルに入るパーミンションを取得できないから日本人と思ったのだろう。

「そうですよ」

「ほーそうか。で、どうしてチャダルを知ってるんだい？」

「どうしてって、チャダルは日本でも有名ですよ。ガイドブックにも載っていますから」

「嘘だろ？」インド人は本当に意外だというように大きな目をさらに大きくした。

「本当ですよ。日本人だって、たくさんチャダルに来ていますから」

こちらはむしろインド人の多さに驚いていたが、案外日本人は少ないのかもしれない。見たところ外国人はイギリスのＢＢＣ放送がラダッキーのポーターを何人も引き連れて撮影に来ているだけだった。

彼らはアイゼンを履いてガンガン氷を傷つけ、狭い道で撮影しては渋滞を引き起こし、挨拶すらロクにしなかった。その横柄な態度には、いささか閉口した。

ロータスのところへ戻ってみると、昼飯どころかバーナーに火すらついていない。気圧や気温に影響されにくい液体燃料のバーナーを使っているのだが、ペットボトルに入れた燃料はまだまだあるはずだ。

「あれ、ランチはどうしたの？」

「火がつかないんだ。多分……壊れた」ロータスは嘆いた。「こんなのはじめてだよ」

愕然としたが「まぁこれも思い出だよ」と慰めた。昼飯はビスケットとスニッカーズになった。

午後はチャダルの状態が悪く、岩場を歩く割合が増えた。

途中ラダッキーの若い女の子三人組とすれ違った。「ジュレー」と笑顔で声をかけると、元気に「ジュレー、ジュレー」と笑顔を返してくれた。春になったらレーの学校に通うので、今のうちに移動しておくそうだ。

一四時頃、ニェラク村手前のキャンプサイトに到着した。インド人ツアーの折り返し地点だ。チャダルトレッキングのスタンダードコースは片道三日の六泊七日となるらしい。だが僕らの目指すザンスカールはまだまだ先だ。

キャンプサイトを通り過ぎ、急勾配の岩場を一五分ほど登る。高低差のないチャダルを歩き続けるより、時折ある岩場登りの方がはるかに息は上がった。

丘からはどことなく見覚えのある景色が広がっていた。

六ヶ月前の夏に一日だけ過ごしたニェラク村。ドルマの故郷。スイス人率いるメディカルキャンペーン。老婆と歩いた帰路。

夏は色とりどりの花ばなが香った村は真っ白い雪に覆われていた。張りつめたような静けさに、人の気配もまったくしなかった。もう来ることはないと思いながらドンキーたちと渡ったオンボロの橋には、覆い被さるようにして新しい橋が建設されていた。

その向こうに大きな氷瀑が見えた。落差五メートルは軽くあるだろう。何本もの太いつららが絡まり、まるで大きな柳の木が一瞬にして凍りついたようだった。

「チャダルで一番大きな氷瀑ナ」ロータスが教えてくれた。

近づくと、ややブルーがかった滝の前に立派な角を持ったアイベックスのきれいな頭蓋骨が転がっていた。

ツアーの折り返し地点の先だから、この辺りの氷上はあまり踏み荒らされていなかった。ほっぺたを氷の表面にくっつけて、しばらく天然の銀盤を味わった。

ザンスカール川を村側に渡るとすぐに日干しレンガの家が現れた。中に入ると旅人用のチャイ屋のようでカウンター越しに爺さんがチャイとメギをサーブしてくれた。お湯を沸かす湯気が室内に充満して暖かかった。

箱に入ったLEDテレビを持ったラダッキーの男が入って来た。あと一日歩いた先にあるザンスカールのハナムルという村に帰るそうだ。

ロータス曰く、このチャイ屋にも宿泊できるが素泊まりのみで料理はなし。僕らのコンロは壊れているし、少々料金も高いので、チャイ屋を出て、泊めてくれる民家を探すことにした。「夏に泊まった家は覚えているか？」と訊かれたが、覚えているわけがなかった。

雪道の急斜面はあまりに雪が深く、息も上がり、何度も立ち止まってしまった。三〇分ほど歩き、ようやくパラボラアンテナのある裕福そうな家が見えた。

「ここで待ってろナ」

ロータスが交渉に向かったがすぐ帰ってきた。先客がいたそうだ。さらに雪道を登ると民家がいくつか見えてきた。家の前を人のよさそうな女性がニコニコしながら歩いていた。すかさずロータスが声をかけた。家の中からは子供の声が聞こえてきた。

「泊めてもらえないかな？」「え、イヤよ」「いいじゃないか」「だってうちには子供がいるし。聞こえるでしょ」「お願いだよ。この日本人、夏にこの村に泊まったんだよ」「え、そうなの。うーん、じゃあ、それなら」といった会話を交わしたかはわからないが、夏に一緒に訪れたスイス人一行のメディカルキャンペーンのことは知っていた。最後は大きな笑顔で迎え入れてくれた。

家は薪ストーブのおかげで暖かく、掃除が行き届いていて清潔だった。さらにお母さんが常に柔和な笑顔を絶やさず、心が休まった。

お母さんは、僕が夏にホームステイしたユルチュン村のドルマのことも知っていた。小さな村だから当然だが、彼女に会う機会もあるそうなので夏に撮影した写真を届けてもらうようお願いした。さらにユルチュン村までの帰路の山道を一緒に歩いた老婆の写真を見せると、「知ってるわよ」というので、「絶対に渡してください」と何度も念を押して写真を託した。念のため夏の写真を持ってきておいてよかった。写真を見て、師匠が僕を思い出してくれたら嬉しい。

家には二歳の男の子、九歳の女の子、一一歳の男の子がいた。

六ヶ月ぶりに白濁した地酒のチャンをいただいた。微炭酸のスッキリした味わい。喉も渇いていたので何杯もおかわりしていたら、一一歳の長男も呑みだした。こんな子供がと驚いていたら、末っ子の二歳児まで呑みはじめた。

「大丈夫なんですか?」とお母さんに訊ねると「少しだけね。伝統だから。お腹にもいいし」と笑顔。

「日本でもお酒は百薬の長っていいますよ」と返しつつ、ユルチュン村で「冬は雪がへビー過ぎて動けない。だからコレしかない」とチャン片手にニヤついていた無職の酔いどれチョコレスを思い出した。きっとこの冬も相変わらず呑み潰れていることだろう。ザンポやドルマたちは元気だろうか。久しぶりのラダックの家庭に、懐かしさが沁みた。

一月二三日　朝　ニェラク村

「ニェラク村はマイナス四五度になることもある」とロータスから脅されていたが、親切なステイ先の暖かい布団のおかげでまったく寒さを感じることはなかった。これまで四〇キロ程度歩いてきた疲労もあって熟睡することができた。

七時頃には空は明るくなった。離れのトイレに行くとソーラークッカーが置いてあった。

「ソーラークッカーは使っているんですか？　トイレのところの」

ダイニングに戻り、朝食のスクランブルエッグとチャパティをいただきながら、お母さんに訊ねた。

「もちろん毎日使っているわよ。お湯を沸かして洗濯したり、顔を洗ったりね」

この分ならユルチュン村のザンポやドルマたちも使ってくれているだろう。しかし安い物ではない。自分たちで購入したのだろうか。お母さんの言葉をロータスが引き取り答えた。

「この村では政府の援助があって、二〇％の価格で買えるナ」

それならある程度現金収入のある家庭なら、手に入りそうだ。

「ただ、それはレー県に限る話だ。ザンスカールはカルギル県だから、そんな援助はないんだ。だから俺はザンスカールでソーラークッカーなんて見たことがない」

ロータスはニヒルな表情を浮かべて続けた。

「それだけじゃない。レーからカルギルの街までは道路も舗装されているし、掃除だって毎日している。でもカルギル県じゃムスリムの多い地域の道路は整備されているのに、チベット仏教徒が多いザンスカールはデコボコ道のままさ」

道路に関しては、国道と市道の違いのような気もしたが、チベット仏教のイメージが強いラダックで、ムスリムたちの勢力がそこまで拡大していることは意外だった。レーで鳴り響く明け方のコーランも合点がいった。

ただ僕の興味はソーラークッカーだ。

レーではもはやソーラークッカーを見かけることはほとんどなかった。代わりに民家やホテルにはソーラーウォーターヒーターという優れものが設置されていた。

これはお湯を温めることに特化していて、太陽熱を集めるヒートパイプを一〇本くらい使ってタンクの水を温めるのだが、タンクが大きいのでソーラークッカーより大量のお湯を一気につくりだすことができた。

またエネルギーの変換効率が高いのか、設置したら太陽の向きを気にしてちょこちょこ動かす必要もないので据え置いたまま。料理はもはやガスと割り切れば、はるかに有用性が高かった。

けれど僕が夏に訪れた村では、まだソーラーウォーターヒーターを見かけることはほとんどなく、ソーラークッカーが主流だった。そしてザンスカールでは、そのソーラークッカーもまだ普及していないという。

「ザンスカールの九〇％の人は貧しい」ロータスが言った。「だから、お前の背負ってきたソーラークッカーを喜ぶナ」

八月某日　長野県佐久市

夏のよく晴れた日だった。

長野県のとある工房を訪ねた。

ユルチュン村の滞在から帰国した僕は、ザンポの家にぞんざいにソーラークッカーを置いてきたことがずっと引っかかっていた。

大して調べもせずジュレーラダックの活動に乗っかっただけ。独りよがりの善意の押し売りほど、下品なことはない。それにもう少し役立っているという実感も欲しかった。

それならば冬だ。そしてザンスカールに思いを馳せた。二〇年前のラダックが残っているといわれるザンスカールに――。

ソーラークッカーを背負ってチャダルを歩けないだろうか。

大きくて重いインド製ではとても僕では無理だ。もっとコンパクトなタイプはないかと調べていくと「日本ソーラークッキング協会」という組織があることがわかった。協会が参加していたエコイベントに顔を出すとソーラークッカーでつくったパンを一緒に食べながら、親切にいろいろと教えてくれた。その時に「長野に作っている人がいる」と聞いたのだが、「日本にいるのか」と驚いて名前を聞き忘れてしまった。だがすぐに見つかった。そんな人、日本に一人しかいないからだろう。

ウェブサイトからコンタクトを取り、夏にラダックを訪れたこと、ソーラークッカーを持っていったこと、インド製だったから設計もアバウトで組み立てが大変だったこと、とてつもなく重かったことなどを伝え、「つくっているソーラークッカーをお見せいただけないか」と頼んでみた。

すると、「ぜひいらしてください」と丁寧な返信をいただいた。

浅間山を背にした田んぼの中に「工房あまね」はあった。

「ご連絡した小林です」と挨拶すると「お待ちしていましたよ」と糸のように目を細めた笑顔の男性が迎えてくれた。

工房主の滝沢本春さんがつくるソーラークッカーは想像以上のクオリティだった。まず軽さに驚いた。『おやぴか』と呼ばれる直径一メートル三〇センチのハイパワー製品でも九キロほど。小型犬くらいだ。片手でも持ち運びができた。さらに小型の『かるぴか』に至っては約三キロ。チワワ並みの重量に持ち上げた瞬間、「軽い！」と思わず声をあげてしまった。

三脚の足はしっかり安定していながら穴がいくつも空いているなど、軽量化にとことんこだわった工夫が至る所に施されていた。かといってヤワではない。パラボラの外周は堅固なフレームで囲い、ちょっとやそっとの転倒では歪まないし、全パーツがアルミ製のため丈夫で、初期の製品でも一〇年以上の使用に耐えているそうだ。

本業の傍、一〇数年も試行錯誤を繰り返し、一人でソーラークッカーを作り続けてきた滝沢さんの熱意に心底驚いた。穏やかな語り口と笑顔を絶やさない柔和な表情からはうかがい知れない、凄まじいエネルギーがきっとおありなのだろう。やめたところで誰にも怒られないことをやり続けるような人が社会を変えるのだ。

これなら背負っていけるかもしれない。

もちろん自信はなかった。梱包した容量は『かるぴか』といえど五キロを超える。ジャンバルに「もっと鍛えろ」とため息混じりに吐き捨てられた僕では、空身でチャダルを歩き切ることだって怪しい。ましてやその先のザンスカールまで背負っていくのだ。

でも、エベレストを登ろうというわけではない。標高四〇〇〇メートル近いとはいえ川だ。道程は平坦なはず。諦めずに歩き続ければ、いつかはたどり着く。

それにまだ六ヶ月ある。重いものを背負って歩くトレーニングをしてから考えればいい。体力がつけば、滝沢さんのソーラークッカーならザンスカールまで背負っていけるようになるかもしれない。

僕はザンスカールへの道が一歩進んだことに満足し、滝沢さんに訪問のお礼をして、「またご連絡させてください」と頭を下げ出口へと向かった。

後ろから声をかけられた。

「小林さん……。もし本当にラダックに持っていくおつもりなら」

「はあ」

「このかるぴかを差し上げますよ。どうぞ持っていってください」

出口近くの棚には、一セットだけダンボールに梱包された輸出用の『かるぴか組み立てキット』が用意されていた。

「最初からそのつもりでしたから」滝沢さんは笑った。

小型の『かるぴか』とはいえ、決して安い金額ではない。かといって個人で買えない金額でもない。冬に決行する際には、ちゃんと購入しようと考えていたし、そもそも初対面の僕がタダでもらう理由もなかった。

「いや恐縮する必要はないですよ。私の希望ですから」

滝沢さんは続けた。

「ソーラークッカーをつくり始めて、最初に太陽熱沸騰を体験した時、これはエネルギー革命だ！　って興奮しました。そしてラダックで使われていることを知りました。ラダックの人たちに、いつか自分のつくったソーラークッカーを使ってもらえたらな、なんて考えたりもしました。でも私がラダックを訪れることはなかなかできません。だから、小林さんから連絡をもらった時、驚きましたよ。こんな出会いもあるんだって」

僕は返答に窮した。

「その代わり内緒にしておいてくださいよ。タダでもらったなんて知れ渡ったら、大変ですからね」と滝沢さんは茶目っ気たっぷりに目を細めて笑った。

「そんな——」果たしてこの有り難い申し出を受けていいのか。

僕はソーラークッカーを自分で背負っていきたい。それは僕にしか意味のないことだが、頼まれもせずソーラークッカーをつくり続けている滝沢さんにしても、僕に託すことに何かの意味があるのかもしれない。もし途上国支援をしたいのなら、支援団体にでも提供した方がよっぽど生産性がいいわけだし。

自分にしか意味のないことほど大切なものはない。だって自分しかやる人がいないのだから。

「そうですか……はい……。ありがとうございます」

僕は頭を下げて、『かるぴか』を受け取った。

一月二三日　サラック

「今日は長くはないが、少し危険なところがあるナ」

ロータスがスタートから長靴に履き替えろという。

ニェラク村から一時間ほど歩くとチャダル最大の難所と言われる「オマ」が現れた。だが、いつもなら至る所で氷が割れ行く手を阻むのだが、今日はかなり状態がいいようだった。それでもロータスが引く橇はデコボコの氷にバランスを崩し、何度もひっくり返っていた。ソーラークッカーを橇に乗せていたら届ける前にベコベコになっていただろう。

ロディオのように暴れるロータスの橇を見ながら、自分で背負って歩いてきてよかったと思った。その直後だった。一瞬にして腹まで氷の落とし穴にはまってしまった。

突然の出来事に声を出すことすらできなかった。太ももに鈍い痛みを感じた。ハードシェルパンツを履いていたおかげで、穴が空いたりはしていなかったが、落ちる際に氷に太ももをズズズと擦ったようだった。

自力では穴から出られず、引っ張り上げてもらってなんとか抜け出した。ロータスの踏み跡をたどっているつもりだったが、その轍から少しずれていたのかもしれない。その程度の差で、あんな大きな穴に落ちるとは。しかも氷がもっと緩ければ、あのまま川底まで落ちて、氷の下に流されていた。そうすれば死ぬのはもちろん、氷の溶ける春になるまで死体は上がってこない。死なないだろうと油断していたが、決して危険はゼロではないのだ。

再び歩き始めると右手の人差し指に軽い痛みを感じた。歩きながらヤギ革の分厚い手袋を外してみると爪が割れ出血していた。その瞬間、今度は視界がひっくり返った。もんどり打った遠心力で持っていた木の杖を頭上に五メートル近くも放り投げてしまった。あまりに豪快に転んだので、笑いがこみ上げてきたほどだ。

その後も長靴のグリップの弱さもあって、氷の床に何度も体を打ちつけた。多くのツアーがニェラク村の手前で引き返すのもうなずけた。

右手から川の支流が流れ込んでいた。もちろん凍っているので氷の道だ。この道は夏に訪れたリンシェ村に続いていた。リンシェ村に向かう分かれ道の入口にはタルチョーが渡され、ザンスカール方面からやってきたラダッキーたちがその下をくぐっていった。

分厚い生地で作られた伝統服の朱色のゴンチェを着たおじさんに声をかけた。夏にユルチュン村からシンゲ・ラ（峠）まで一緒に歩いた俳優の小倉久寛似のおじさんの写真を見せた。

「九人の子供がいるこの人知っていますか？　リンシェに住んでいるはずなんです」

「おー知ってるぞ」

声をかけたもののまさか本当に知っているとは思わなかった。そのおじさんに小倉に渡してもらうよう写真を託した。

少しだけ草木の茂る岩場が現れたので、薪を確保し、壊れたバーナーの代わりに焚き火で昼飯にした。

今日はあまりに転ぶ。これ以上転んでザックの中のソーラークッカーに何かあったら大変だ。くるぶしより上の浸水は不安だが、午後からは登山靴に履き替えた。

一五時。いよいよチャダルの状態が悪くなった。歩けるエリアもどんどん狭まってきた。

「上がろう」

少し先の岩場の上に道路が見えた。事実上、ここでチャダルは終了となった。ザンスカールまでチャダルを歩いて行きたかったが仕方なかった。

ここまで同じペースで歩いてきたイギリスのBBC放送軍団は最初から予定通りだったようで、すでにチャーター済みの車が三台、道路で待っていた。彼らはザンスカールの入口にあるハナムルという小さな村に太陽光発電の機器を設置しにいく番組のプロジェクトだそうだ。

プロデューサーっぽいイギリス人から「乗っていくか？」と誘われたが、「いや歩きたいんです。歩いてパドゥムまで行きたいんです」と断った。

パドゥムはザンスカール最大の街だ。プロデューサーは「それもいい。気をつけろよ」と笑顔でうなずいた。彼に続いて他の軍団たちも次々と旅の無事や応援の言葉をかけてくれた。大英帝国もあながち悪い奴らでもなかった。

いよいよロータスと二人だけになった。

「あれ、ザックはどうしたの？」

ロータスは荷物をBBCの車に預け、途中で下ろしておいてもらう算段をつけていた。一時間ほどアイスバーンの道路を歩く。一〇メートルほど眼下のザンスカール川はところどころもう凍っていなかった。この辺りから気温が高くなるのかとロータスに訊ねると、

「今夜が一番寒ぃナ」と笑った。

視界に動くものが見えた。猿か。いや狼か。どんどん近づいてきた。毛むくじゃらの犬だった。上下左右に体を激しく震わせながら走ってきた。狂犬病？　それなら致死率九九パーセント以上。嚙まれたら一巻の終わりだ。急いで来た道を走って逃げた。

しばらく走ったが、追ってくる気配がない。振り返るとロータスが犬をあやしていた。

恐る恐る近づいてみるとその犬は後ろの両足を引きずったまま激しくまとわりついてきた。千切れんばかりに尻尾を振った。こんなに誰かに歓迎されたのは生まれてはじめてというくらい、犬のテンションは異様だった。彼にとっては久しぶりに会う人間なのかもしれない。

「ここからが、ザンスカールナ」

四日間五〇キロ以上、氷の上を歩き、ようやくたどり着いた。ロータスが言っていたようにザンスカールに入った途端、雪の量がぐっと増えた。

険しい山間を削った平地にドラム缶を半分にぶった切ったようなフォルムの建物が雪に埋れて三棟並んでいた。他には何もない。初期の南極観測隊の基地みたいだった。

今日の宿泊地のサラックは、レーとザンスカールを結ぶ川沿いの道路を作る工事作業者用の簡易宿泊施設だった。ただ冬場は工事が休みで他に泊まる人はいなかった。いたのは施設を管理するネパール出身の太った爺さんと汚い犬だけ。薄いパネルを貼り合わせたような簡易的な作りに、この場所だけ猛烈にインドっぽさを感じた。

建物の中は真っ暗で電気はなかった。鉄の骨組みに薄いベニア板が乗っかっているだけのベッドが四つ。目が慣れてくると、中央にボロボロの薪ストーブを認識できた。一六時過ぎ。そろそろ冷えてくる頃だ。すぐに管理人の爺さんがやってきて薪をくべてくれた。これで少しは暖が取れる。汗で軽く凍った靴下を乾かした。

ロータスは夕飯作りに入ると僕のアーミーナイフを貸してくれと言う。包丁も失くしたそうだ。この男、旅が終わる頃には全裸になっているんじゃないだろうか。

ここには旅人や夏場の土木作業員が置いていったコンロや食器があるので遠慮なく使わせていただいた。おそらくものすごく汚いだろうが、幸い室内が暗くてよく見えないので気にならなかった。

深皿に注がれた温かいトマトスープは、体の芯から溶けていきそうなほど美味しい。さらにダルカレーを二杯。ロータスは忘れ物こそ多いが、料理が上手なので助かった。

ここから先は川沿いの村を渡り歩いていく。テントも寝袋も食料も必要ないので、このサラックに置いていくことにした。

一月二四日　ザンラ村

寒い。寒すぎる。

四時、あまりの寒さに目が覚めた。室内なのに途轍もない寒さだった。ストーブの薪は燃え尽きていた。このままでは脳みそまで凍りつきそうだ。ロータスは艶かしい寝息をたてるばかりで起きる気配はない。寝袋から這い出て床に散乱している小枝をかき集めてストーブに投げ入れた。

次は火だ。ライトを照らし、マッチを見つけて火をつけた。慎重にストーブの中へ火を落とすが何度やってもすぐ消えてしまう。そうかロータスはバーナーに使う液体燃料をストーブに入れていた。イライラしながら部屋を物色するが、燃料の入ったペットボトルはどうしても見つからない。寝る前に確認しておけばよかった。

「ファック！」僕は暗闇に毒突いた。

結局ストーブを焚くことを諦め、再び寝袋に頭まですっぽりと潜り込んでロータスが起きるまでやり過ごすしかなかった。

雪道を一時間ほど歩くとザンスカール川の対岸に家が一〇軒もない小さな村が現れた。

「ハナムル。最初の村ナ」

ＢＢＣ放送軍団は昨晩この村で太陽光の発電機を設置して、村人と一緒に通電の瞬間、歓声をあげていたことだろう。

僕らは雪道を歩き続けた。緩やかなつづら折りのような車道しかないので、時折その間をショートカットするのだが、その道はチャダルよりはるかにキツかった。本来は人間の歩く道ではないので高低差が大きく、踏み跡もなければ雪も深い。腰まである雪の中をラッセルするように二、三歩歩いては息が切れて立ち止まった。

僕のザックには寝袋がないもののソーラークッカーをはじめカメラや防寒具などが入っていて、ほとんど空身のロータスのザックよりもかなり重かった。

「ザック交換するか?」ロータスが見透かしたように申し出てくれた。意地を張ってリタイヤしたら意味もない。目の前の険しい斜面を登り切ったら交換してもらおうと最後の力を振り絞った。両手両足を使ってもがきながら、急斜面を駆け上がった。

眼前に足跡一つ見当たらない、見たことのない銀世界が広がっていた。

僕は東京で生まれ育った。通った小学校は国会議事堂の裏にあった。爆竹を鳴らせば、パトカーが何台も集まるような街だった。僕の周りにあった自然はぜんぶ人間の意志が入っていた。ぜんぶ人間がコントロールしていた。この公園には、この植物を、このサイズで、これだけ植える、という具合に。その計画からはみ出した物は排除された。小さな雑草さえ勝手に生えることを許されなかった。

そんな街でコンクリートの割れ目から生えるタンポポを見つけるのが好きだった。身勝手な人間に抗うような強さに惹かれた。それが子供の頃の僕にとっての数少ない自然だった。冒険に憧れた。いつか世界に残る原野を旅したいと思っていた。ただそんな浮世離れした志は恥ずかしくて誰にも言えなかった。自分の欲に素直に従うのが、世間から外れるようで怖かった。

結局そのいつかは訪れることなく、その思いはいつの間にか野球選手になりたいとかオリンピックに出たいとかと同じようなフレーズに成り下がっていった。

「う、うおーーーーーーー！」

僕はわけもなく大声で叫んだ。雪原ではしゃぐ犬にでもなったような気分だった。興奮が抑えられなかった。

対岸にピドモ村が現れた。ザンスカール川を挟んで、こちら側で三人の娘たちが村を眺めながら、茶を飲み、笑顔で雑談していた。少し離れたところでは、赤ちゃんを抱えた母親が日向ぼっこ。こんなに寒くて雪も深いと農作業も家畜の世話もままならず、やることがないのだろう。

雪のない岩陰に座り、ニェラク村のお母さんが作ってくれたパンを食べた。絶妙に甘くて疲れている体に染みたが、口の中の水分を持っていかれた。残り少ない水筒のお湯をロータスと交互に飲んだ。

一四時過ぎ、今日の目的地のザンラ村に着いた。

「今日は二〇キロ以上歩いたナ」というロータスの計測はいい加減な気がしたが、獣道も多く、これまでの道のりで間違いなく疲労は一番だった。

この村には、かつてザンスカールをパドゥム王家と二分して支配していたザンラ王家の末裔が暮らしているという。

村の規模は道中のハナムル村やピドモ村の比ではなかった。

村には電線が張り巡り、ホームステイの受け入れを掲げる看板が目に付いた。夏のトレッキングコースになっていて、ロータスもガイドとして何度も訪れたことがあるという。

ただ冬場に泊まれるところは限られ、ひときわ大きな家にお世話になることになった。

ダイニングに通されると固定電話があった。さらに大きなテレビまであった。「王家の末裔の人たちナ」と聞いて納得した。

元王家の家にホームステイするなんて経験はこの先二度とないだろう。ということは迎えてくれた関取の逸ノ城そっくりな顔をしたこのお母さんは王族の血を引く末裔というわけだ。体格も逸ノ城並で、確かに貫禄は王だった。生後一ヶ月の赤ちゃんとお婆ちゃんも一緒に迎えてくれた。

ダイニングでソルトティ、ミルクティ、チャパティをいただいていると、モデルの長谷川潤と見紛うようなキュートなルックスの女の子が、メジャーリーガーのようにガムをくちゃくちゃ嚙みながら入ってきた。ザンスカール唯一の大都市パドゥムの学校に通っている長女だという。

少しすると妹も入ってきた。この子もハロプロにいても違和感のないほどチャーミング。どうしたら逸ノ城からこんな可愛い娘たちが産まれるのか不思議だった。お父さんが草刈正雄なのかもしれない。

せっかく大きな村なので疲れていたが散歩に出ることにした。

村はずれの岩山の上に立派な王宮が見えた。その末裔がステイ先の家族というわけだ。「行ってみるか?」と誘われたが、「疲れているからいい」と断った。もう一歩も上り坂を歩きたくなかった。

車が村の中を数台走り去っていった。大きな村だけに乗合タクシーの乗降ポイントになっていた。

夏にホームステイしたユルチュン村は二〇世帯弱で電話は一台あった。ニェラク村は約六〇世帯で電話は二台あるらしい。対して、ザンラ村は二〇〇世帯以上が暮らしているのに、電話はさっきのステイ先の一台のみ。これもザンスカールがカルギル県に属しているからだとロータスはまた嘆いた。

広場にネットが張られ、子供たちに大人も混じってバレーボールをしていた。サッカーは広いスペースが必要だが、バレーボールなら狭くてもネット代わりの紐とボールさえあればできる。ラダックでは雪の積もる寒い冬に人気だそうだ。

さらに歩いているとアーチェリーの練習をしている青年がいた。矢は二本だけ。土の壁を的にして、弓を引き、矢を二本打ち込む。そして矢を的まで取りにいく。ひたすらその行為を繰り返していた。目が合うと、「よう」という具合にうなずいた。

「あなたは選手ですか？」

「うん、まあ。もうじき、このあたりの村が集まって大会があるんだよ」

バレーボールとともにアーチェリーも人気があるそうだ。

女性が三人、家の壁を背にケタケタ談笑しながら座っていた。目以外はすっぽりとスカーフやマフラーでぐるぐる巻き。一人はコマのような道具をつかって毛糸の束から糸をつむいでいた。残りの二人はセーターと靴下を編んでいた。とりわけ糸の塊からあざやかに毛糸をつむぐ所作は見とれてしまうほど見事だった。

日本にもこんな時代があったはずだが、今やほとんどの人が編み物をする余裕などない生活を送っている。近代化は僕らの生活を著しく効率的にしたはずだが、隣人とケタケタ談笑しながら編み物をする時間は何に置き換わったのか。金を稼ぐことに取って代わったとするならば、近代化とはなんとも金のかかる変革だ。

王の家に戻ると虫眼鏡のような度の強いメガネをかけたお爺さんがいた。

長谷川潤は白いTシャツに黒のVネックのニットとモダンな装いに着替えていた。ヘアバンドも決まっている。

彼女は冬休みで帰省しているが、実家で休むわけではない。赤ちゃんに授乳しているお母さんに代わり、妹を助手にしてさっきからせっせと料理をつくっていた。

一方、メガネのお爺さんはひたすらお経を唱えていた。と、長谷川潤が「ほらお爺さん、はじまるよ！」みたいなことをテレビを指差し叫んだ。「何！」とお爺さんはメガネを掛け直し、テレビにかぶりついた。

画面では、インドドラマがはじまり、ほどなくお約束の格闘シーンが流れ出した。主人公が雑魚キャラを殴る、蹴る。大袈裟な効果音が響く、轟く。その度にメガネのお爺ちゃんは絶叫した。

一月二五日　ラルー村

朝起きると離れの客間の窓にいくつもヒビが入っていた。近づいて見ると、それはヒビではなく、樹枝状の霜だった。一つ一つは幾何学模様のように規則性がありそうだが、すべての形が微妙に異なっていた。アンバランスな差異が不思議と心地よかった。

ダイニングに行くとヤクの肉が少しだけ入ったスープが出てきた。鼻が曲がるほど臭い。息を止めながら飲んでいると、逸ノ城似のお母さんが笑顔でにじり寄ってきた。

手にしていたニット帽と靴下を「どう?」と見せてきたので「素敵ですね」とお世辞を言いながら受け取った。

「どれか欲しいのはあるかしら?」あまり気に入ったデザインはなかったが素敵ですねと言いながら欲しいのがないのも変だと思い「うーん、これかな」とクリーム地に薄こげ茶のラインの入ったニット帽を選んだ。逸ノ城が笑顔で何か言った。ロータスが英語に訳す。

「それは三〇〇ルピー。靴下は四〇〇ルピー」

高い。レーでは靴下一足三〇ルピーだった。それよりも何よりものん気にプレゼントだと思ってしまっていた。たった一泊で虫がよすぎた。ただ欲しいものを聞かれて選んでしまった手前もう断れない。可愛い娘たちにケチ臭い男だと思われたくもない。土俵際だ。仕方なく逸ノ城に押し出されるように五〇〇ルピー紙幣を渡した。妹が窓際の缶から取り出した一〇〇ルピー紙幣二枚をお釣りに受け取った。

一〇時少し前にザンラ村を出発した。三〇分ほど歩くと、ピシュ村が遠くに見えてきた。その手前の小さな泉でロータスが立ち止まった。硫黄のような匂いが微かに漂っていた。ロータスが泉に近づき「ちょっと休憩しよう」と言った。「え、もう？」まだ歩き始めて三〇分なのにと疑問の眼差しをロータスに送った。

「これは薬なんだよ」「薬？　温泉ってこと？」「いや薬」ロータスは流暢な英語を話すが、ラダックには温泉という概念がないのだろうか。あるいは僕の乏しい英語力のせいか。要領を得なかったが、その泉に手を入れてみると生温かかった。「温かい！」と叫ぶとロータスはすでに穴の空いた靴下を脱ぎ、足をゴシゴシ洗い出していた。僕も頭を泉にツッコミ、髪の毛をじゃぶじゃぶとゆすいだ。
「あー」感嘆の声が漏れた。皮脂でギトギトに固まっていた髪の毛がほどけていった。

冬のラダックを訪れて一番想定外だったのは、夏はあれほど目にした湧き水がほとんど見当たらないことだった。想定できていても実際対処法はないのだが、おかげで手を洗うことすらほぼできなかった。顔や体を洗えないのはまだ耐えられるのだが、髪を洗えないことがこれほど不快だとは思ってもみなかった。久々の洗髪にメンタルが少し回復した。

昼過ぎにシリンキット村に到着した。

ザンスカール川を挟んで、対岸にはリナム村が見えた。どちらも小さな村だが、リナム村にはキャンプサイトがあり、夏場はトレッカーで賑わうそうだ。トレッカー争奪に破れたシリンキット村は余計寂れて見えた。

座って世間話をしている女性たちにロータスが声をかけた。二、三言葉を交わすと一人のお母さんが笑顔で立ち上がった。ランチをつくってくれるそうだ。

圧力釜が壊れていてランチ作りに一時間以上かかったが休憩できたのでむしろ助かった。ヤクの肉が入ったダルカレーは、臭いこそキツかったが、疲れている体に肉は嬉しかった。

ダイニングの壁に小さなメダルがかけられていた。お母さんに訊ねると、今晩宿泊予定のストンデ村にある学校に通う娘が勉強を頑張って表彰されたと嬉しそうに教えてくれた。この辺りの小さな村には学校がなく、みんなストンデ村に通うそうだ。

シリンキット村から歩くこと一時間。一六時少し前に、そのストンデ村に着いた。ザンスカール最大都市パドゥムの街まで残りあと二〇キロ弱に迫った。

ストンデ村には公立の学校だけでなく、外国が支援した立派な学校もあり、裕福そうな家がいくつも建っていた。今晩も昨日のザンラ村同様、居心地のいい家に泊まれそうだ。

ロータスは村はずれまで歩き続けて、ようやく小さな集落の一軒の家の前で止まった。

「友達の家ナ」

壁が妙に高いのに明かり取りの窓は膝くらいの低い位置にある、二階建てなのか、三階建てなのかよくわからない家だった。

外から何度か声をかけるも反応がない。窓ガラスに小石を投げると初老の男が顔を見せた。ほどなく外に出てきてロータスと言葉を交わし、「ジュレー、ジュレー」と長身を屈めながら笑顔で迎えてくれた。

高さ一メートルほどの小さな玄関の扉から家に一歩入ると真っ暗で、いきなり二階にあがる階段にぶつかった。目の前の階段の脇を通り、手探りで左手にある小さなドアを抜けると二頭のヤクがいて「おおっ！」と声を出してしまった。向こうもびっくりして後ずさりした。ヤクを左手にさらに二、三歩進み、右に曲がって、小さなドアを開けるとようやくダイニングに着いた。ここまでまったく明かりがないから、頭をゴツゴツとぶつけ続けた。

ダイニングは広いが、窓がなく小さな明かり取りが一つあるだけで倉庫のようだった。光に舞い上がるホコリがキラキラと輝き、思わずくしゃみが三連続で出た。プラズマクラスターを置いたら、一五分くらいでバラバラになるだろう。

しかし明かり取りがうまく機能しているので、廊下の暗さに対して室内は明るかった。中央にコンロ付きの薪ストーブ。それを囲むようにラグが敷かれ、壁一面に圧力釜やお皿がびっしりとデコレーションされた伝統的なラダックのダイニングスタイルだった。

安達祐実のような目がくりっとした丸顔の若いお母さんが満面の笑顔で迎えてくれた。ラグの上では八ヶ月の赤ちゃんが毛布にくるまりスヤスヤ寝ていた。その横で突然の来客に驚く三歳の娘。ロータスの友人の旦那さんは、今はポーターとしてチャダルでツアー客の大荷物を運んでいるそうだ。

「ここはラルー村。一三世帯しかいない小さな村だ」と長身のお爺さんが教えてくれた。

「ストンデ村ではないのですね」と僕が言うと「ストンデ村だ」とも言った。何度確認しても「ストンデ村だし、ラルー村だ」と言った。

あとで調べたところ、この家はストンデ村に属しているのだが、昔この辺りはラルー村として独立していた。アイデンティティとしては今もラルー村なのだろう。僕も母校の小学校の名前が統廃合で消えたので、なんとなく気持ちは理解できた。

この家は一応トレッカー向けにホームステイを受け入れているのだが、メイン通りにはストンデ村がでんと構えている。

「お前がこの家に泊まる外国人第一号だナ」ロータスが得意気に言った。

目のくりくりしたお母さんは本当によく笑った。目が合えば「うふふ」とはにかむ笑顔。こちらも自然と笑顔になった。ミルクティにグルグル茶を出してくれ、ヤク肉の少し入った温かいスープで歓迎してくれた。

「どうだ？　俺はこの家がいいと思うナ」

「うん……。旦那さんは、夏はロータスみたいなガイドなのかな？」

「いやいや。上の学校を出てないから英語が苦手なんだ。夏は道路工事くらいしか仕事はない。全然リッチじゃないナ」

「奥さんはソーラークッカーを知ってるかな？」

ロータスがお母さんに訊ねた。

「知らない、見たこともないって。な、言った通りだろ」

ストンデ村では、ソーラーウォーターヒーターとソーラークッカーを数台ずつ見かけた。ただこの家のあるラルー村には確かになさそうだった。

「そうか、そうだな……」

背負ってきたソーラークッカーを誰に託すか。それはザンスカールを訪れてから決めようと思っていた。なにせ候補がない。ロータスからは昼食を作ってもらったシリンキット村も勧められたが、村人との接点が乏しかったせいか決断できなかった。でも、このお母さんたちはきっとソーラークッカーを大切に使ってくれる気がした。宿泊外国人第一号というのも縁を感じた。この上なく都合のいい解釈だが、僕には直感しか頼るものがなかった。

僕はお母さんの方へ向き直り、英語で話しかけた。ロータスが通訳した。

「僕はソーラークッカーを日本から持ってきました。これは電気を使わずに、太陽光でお湯を沸かしたり、料理をつくったりすることができます。ストンデ村でも何人かは使っているようです。日本製ですから、インド製より軽くて丈夫、クオリティは抜群です」

僕は一気に話した。お母さんはロータスの言葉にウンウンとうなずいていた。

「それで、もしよかったら、このソーラークッカーをプレゼントしたいのですが。受け取っていただけませんか？」

日本には「タダより高いものはない」という言葉がある。大意のない軽い親切も額面通りに受け取れない社会は悲しいが、騙す奴も多いから仕方ない。僕はドキドキしながらお母さんの返答を待った。お母さんが戸惑いつつロータスに何か伝えた。

「私たちはなんて幸運なんだ。ありがとうって言ってるナ」

よかった。ここまで来て、いらないと言われたら、どうすればいいいか。本当によかった。

僕はお母さんに「ジュレージュレー」と頭を下げた。僕の土下座のような仕草がおかしかったのか、お母さんも笑いながら「ジュレージュレー」と僕をまねて頭を下げ返した。

「すぐに組み立てますね。多分二時間くらいかかりますから、少し待っていてください」

ザックから平べったく梱包し直したダンボール箱を引っ張り出した。

慎重に開梱し、部品をチェックするとパラボラの反射鏡一六枚のうち一枚だけ小さな凹みがあった。祈りながら指で押し返すと「ペコッ」と音を立てて元に戻ってくれた。あれだけチャダルで転んだのに、それ以外は無傷だった。

工房あまねの滝沢さんは、ソーラークッカーの組み立て方を工程ごとに分けて丁寧に解説した動画を動画サイトにアップしていた。日本でその動画を何度も見ながら、頭に工程を叩き込んできた。ついに実践だ。

すると、すぐに三歳の娘が好奇心を漏らしたような顔をして近づいてきた。無理もないが、反射鏡をペコペコと踏まれでもしたら泣くに泣けない。興味を逸らすために、用意しておいた鉛筆の束とノートをプレゼントした。すぐに興味はそちらに移り、これでしばらく時間をかせげそうだった。

組み立てはじめると、滝沢さんのソーラークッカーがいかに緻密に作られているかがよくわかった。サイズは寸分の狂いもなくピッタリ。ビス一つとっても使う箇所によって太陽光を集めやすい黒色にしたり、不要な部分はトコトン削り取って軽量化されていたり、最小限の部品で最大限の効果を発揮するためのこだわりが細部にまで込められていた。滝沢さんの人柄が詰まったような『かるぴか』に感動すら覚え、僕は組み立てながら泣きそうになってしまった。

二時間近くかかったが、僕のような素人一人でもアーミーナイフのドライバーだけで組み立てることができた。

「できた。完成だ」誰に言うともなく、日本語でつぶやいた。

電球の明かりにパラボラの鏡がギラギラと反射していた。

「完成しました」英語で言い直し、ロータスがお母さんに伝えた。

お母さんははじめて見る器具に「なんか、すごいわ」と戸惑いながらも笑った。

長身のお爺さんが腰を折りながら笑顔で近づいてきた。

「ジュレージュレー」

両手を合わせながら白いカターを掲げ、僕の首にかけてくれた。突然の訪問だったから、ソーラークッカーを作っている間にどこかで手に入れてきてくれたのだろう。カターの端っこには少し土がついていた。

「え、ああ、そんな」僕は気恥ずかしくなった。「ジュレージュレー。でも僕はみなさんに届けにきただけで……。日本の、工房あまねの滝沢本春さんがこのソーラークッカーをつくり、ラダックの人に使ってほしいと願ったんです。だから、このカターは僕が滝沢さんにお渡ししますね」

伝わったかはわからないが、ロータスの通訳に二人ともウンウンと笑顔でうなずいた。ロータスも感心するように「アマネ、アマネ」と何度も繰り返していた。

夕食もちょうどできた。耳の形によく似た野菜のモモ。薄味が疲れた体に優しく沁みた。

一月二六日　アンム村

七時に起床し、二階の客間から一階のダイニングへ行くと、お母さんはすでに起きて朝食の用意をしてくれていた。ダイニングで寝ていたお爺さんも僕らに気づき、寝具を片付けはじめた。子どもたちはまだ寝ていた。

「また戻ってきます。その時にソーラークッカーの使い方をお伝えするので、みんなで一緒にお茶をつくりましょう」とお母さんに伝えて、子どもたちを起こさぬよう家を出た。

これからザンスカール一の大都市パドゥムまで歩き、さらに奥地へと進むつもりだった。パドゥムまでの道のりは指先がちぎれそうなほど寒かった。フェイスマスクの口元は凍りついていた。低温に耐えられるはずのアウトドア用デジタルカメラは低温による動作不良のエラー表示が出ていた。

「チャダルは寒いけど、パドゥムもすごい寒いぞ」とロータスから聞いていたが、チャダルよりはるかに寒かった。

彼方には太陽に照らされたパドゥムの街が見えた。振り返れば、朝日を浴びるストンデ村が見えた。なのに、僕らが歩いているところだけ山に隠れて日陰になっていた。追い討ちをかけるように寒風が吹き続けた。ザンスカール川からは煙が立ち込めていた。

一時間ほど歩き、ようやく日陰から抜け出した。いよいよパドゥムまで一〇キロを切った。さらに雪道を歩き続けた。

ザンスカール川にかかる橋が現れた。無数のタルチョーがぐるぐる巻きにされていた。雰囲気的に対岸がパドゥムだろう。ここまで一〇〇キロ以上歩いてきた。あと少しだ。

橋を渡り、市街地に入った。チラチラとロータスの様子を伺うが無言で歩き続けている。ここはパドゥムじゃないのか?

さらに歩いた。住宅街に入った。

「おい、ここってパドゥムじゃないの?」僕はしびれを切らして訊ねた。

「そうだ。着いたよ」ロータスが疲れた顔で言った。

「へっ?!」僕は間抜けな声を上げた。なぜ早く言わない。

『bro Thanks』と書かれた看板の前で記念撮影をした。

「やっと着いたなー」と声をかけるとロータスが手を高々と上げた。僕らはがっちりと握手を交わした。チャダルから歩き続けて七日目。ようやく目的地のパドゥムに着いた。

パドゥムは大都市だった。家も日干しレンガではなく、セメントづくりが多く、自家用車を持つ家も目についた。

「パドゥムの人たちはリッチだからナ」とロータスが案内してくれた知人の家も立派な一戸建てだった。

若いお父さんがスクランブルエッグとチャパティで歓迎してくれたが、子供も大人もみんなソニー製のテレビに釘付けだった。お父さんがお茶のおかわりを注いでくれるが手元はおろそかで、視線はずっとテレビに向けられていた。

「あ、すまん、すまん」お父さんがこぼれたお茶を拭きながら言った。「実は今日はインドが共和国になった記念日なんだよ。今デリーのパレードを中継しているんだ」

テレビでは文化祭の仮装行列みたいなパレードが延々と流れていた。アジア各国の要人も出席していて、「日本の首相もきてるぞ」と言われたが、タイミング悪く映らなかった。

「見ろ、ラダックだ！」

みんなが歓声をあげた。ラダックの一団が行進してきた。子供もおじいちゃんも嬉しそうに手を叩いた。お父さんは腕組みして「よしよし」と何度もうなずいた。野球部でもないのに母校が甲子園に出場すると誇らしかったりするが、それと同じような気分だろうか。彼らは自分たちのことを「インド人」とは言わず、「ラダック人」と言う。お米も「インドから来た」と言うし、チャダルで騒ぐインド人ツアー客を「インド人は言うこと聞かないからな」と笑う。国籍はインドだし、パスポートもインド政府から発給されるが、やはりラダックはラダック王国なのだ。

パドゥムのバザールに来た。交差点の一角にはコンクリートの建物が並び、日用品を売る商店、食堂、土産物屋、旅行代理店などが商店街をつくっていた。完全に街だった。人の流れについて行くとヘリコプターが展示された広場に人垣ができていた。インドの記念日のお祝いのようで、ゆうに一〇〇人以上は集まっていた。その輪の中で民族衣装を着た女の子たちがダンスや歌を披露していた。一グループ五人前後。タルチョーの五色をキーカラーにした衣装が戦隊モノみたいだった。

ひと組が終わると観客が拍手し、恥ずかしそうにはけていく女の子たちが初々しくて可愛かった。マイクで次の組が紹介された。

中央へ駆けていく少女たちを写真に撮ろうと身を乗り出したら周りから「前にいけ、中に入っていいから」と促された。恥ずかしいが女の子たちの目の前のベストポジションで写真を撮らせてもらった。みんなに頭を下げながら、元の場所に戻ると今度は質問攻めだ。

どこの国から来た？　チャダルを歩いて来たのか？　これからどこへいく？

この時期の外国人は珍しいのか？　ただこの街の子供たちはすれ違いざまに「ジュレー」だけでなく「ハロー」と英語で声をかけてきた。夏は旅行者であふれているのだろう。このスペクタクルな景色を強欲な大人たちが指をくわえて黙っているわけがない。広場のすぐ近くには四階建のゲストハウスが建設中だった。ますますザンスカールはメジャーになっていくだろう。

僕の計画はこうだった。

ソーラークッカーを背負ってチャダルを歩き、ザンスカールの首都パドゥムまで行く。ソーラークッカーをザンスカールで暮らす誰かに届ける。できるだけ喜んでくれる誰かに。

その目的が達成されたら、パドゥムからザンスカールの最深部にあるという「プクタル・ゴンパ」を目指す。垂直の断崖から生えるように建つゴンパ（寺院）の姿を一目見たいと思っていた。

プクタル・ゴンパは、パドゥムから南にある村々にとって特別な存在なのだという。その村の中には、ロータスの故郷であるイチャール村も含まれていた。

ただプクタルへは歩いてしか行くことができない。日程を考えると車である程度近づかないと訪れるのは難しい。ましてや冬は道路のコンディションが悪い。ロータスにこの計画を伝えると、「プクタルは素晴らしいよ。でも、行けるとは断言できないナ」と言った。その不確かさもロマンをかきたてた。

バザールの食堂でインスタント麺のメギを食べながらロータスを待つこと二時間。シェアカー探しは難航していた。チャダルを通ってレーへ行くザンラ方面や北の大都市カルギル方面へ向かうならいざ知らず、この真冬にわざわざ奥地の南へ行く物好きは少なかった。

幸いドライバーはロータスの友人がいたので、お金はかかるがシェアを諦めチャーターすることにした。

ドライバーはいかにも地元の悪ガキを束ねていそうな浅黒いハンサムな元トラック運転手の男。運転がうまそうな顔に安心感はあったが、4WDのスコーピオのタイヤがチョロQのようにツルツルだった。何十万キロ走ったら、こんな凹凸のない状態になるのだろう。

不安をよそにチョロQタイヤにチェーンを巻いて車は走り出した。

*

パドゥムのバザールから少し離れると大きなモスクが見えてきた。

「カルギル県はムスリムが幅を利かせているから、最近はパドゥムでも恩恵を求めてイスラム教徒に改宗する人が増えているんだ」とロータスが言った。鵜呑みにできない気もしたが、立派なモスクを目の前にすると、なまじフェイクニュースとも思えなかった。とはいえパドゥムをのぞけばザンスカールはほとんどチベット仏教の世界といえた。

パドゥムの街を離れた途端、道は荒れまくっていた。しかも路面はアイスバーンだらけだった。道幅は五メートルほどでガードレールなんてもちろんない。その先は断崖絶壁。落ちれば凍りつく川に叩きつけられ確実に命はない。

助手席で「怖い」と漏らすと「だろ。ザンスカールは道路もぜんぜん舗装してもらえないんだよ」ロータスが口を尖らせた。「この道路状況じゃあ、どこまでいけるかわからないナ」

広いアイスバーンに出くわす度にタイヤが滑らないよう大量の砂をかけるので、何度も何度も足止めを食らった。途中ロータスが落ちていたペットボトルとお盆を拾ってきた。ガイドとしてのモラルかと感心したが、砂をかけるのに便利だっただけで使い終わったら同じように車から投げ捨てていた。

何でも活用する彼らを見ていると捨てるというよりシェア、ゴミというより公共の道具のような気がしてくる。だからロータスは物を失くしても大して気にしないのだろう。

この道は舗装されていないとはいえ、ザンスカールの幹線道路。道沿いの村には大きな学校があったり、立派なゴンパがあったり、けっして小さな村ばかりではなかった。

この道から外れて、山を深く入って行くと暮らしているのは一世帯、二世帯だけの小さな村もたくさんあるという。どんなところなのかちょっと気になったが、寄り道している余裕はなかった。

眼前に分厚いアイスバーンが五メートル以上も広がっていた。僕はすでにここまで何度も肝を冷やしていたから、半ばもう足止めでもいいよと弱気になっていた。けれど彼らはやる気だった。ペットボトルとお盆では足りず、車のフットマットまで持ち出して、山盛りの砂をアイスバーンが見えなくなるまで何度もかけた。ようやく凍った白い部分は隠れたが、所詮付け焼き刃の砂。いざタイヤがアイスバーンに乗ると、車はゆっくりと断崖へ向かって滑っていった。

（落ちる、落ちる）

僕はダッシュボードのバーにしがみつき、体を硬直させたまま目をつぶった。僕が座る助手席が一番死にやすいと聞く。せめて後部座席に座ればよかったと後悔した。少しでもハンドル操作を誤れば奈落の底だ。ドライバーさんの表情からもさすがに余裕が消えた。慎重に慎重にアクセルを踏み込み、少しずつ車を進めた。一五分ほどかけて、なんとか巨大アイスバーンを切り抜けた。

パドゥムから走ること三時間。ドライバーさんが「ここまでくれば、もう大丈夫だろう」と車を停めた。見上げると丘の上に小さな村が見えた。

ようやく転落死の恐怖から解放された僕は、車を降りて「ふー」と長い安堵の息を吐いた。


丘に上がると小さな家が数軒建っていた。青い看板には、アンム村と書かれてあった。標高は四〇〇〇メートル。欧米企業が支援した太陽光発電の設備が設置されていた。この村は夏のトレッキングコース上にあり、二軒の家がホームステイを受け入れていたが、どちらか一方しか使わないと怒られるそうで、ロータスは交互に使い分けているという。

両親と娘さんの三人家族が迎えてくれた。

ダイニングでお経を読み続けていたお父さんが、僕の様子を見て横になったらどうかと布団をもってきてくれた。パドゥムまで一〇〇キロ以上を歩き、そこから車とはいえ五〇キロ以上も身の縮む思いをしてきた。見るからに疲れていたようだ。

お父さんの好意に甘えさせてもらうことにして、ラグに横になった。疲労がにじみ出てきて、体がラグにへばりついた。けれど彼らは僕を寝かすつもりなどないかのように、大声で笑い合い、会話を楽しみ続けた。あまりにうるさいので三〇分ほどで体を起こした。

何を話しているのかわからないが、彼らは本当によく笑った。

「ねーあの人＊＊なんだってよ」「そうなの！」みんなで大笑い。すぐに別の誰かが話し始める。「そういえば、＊＊なんだって！」またみんなで大笑い。会話と笑顔は途切れることがない。まるで子供と話しているようだ。

一説には、子供は一日に四〇〇回笑い、大人は一五回しか笑わないとか。なんて悲しい統計なのだろう。でも、この家族と一緒にいると五分で一五回は笑っていた。意味がわからなくても、ついついつられて、僕も笑顔になった。

夕食はティモとダル。娘さんは作りながら何度も味見をしていた。たぶん下ごしらえから手を抜いていないのだろう。モツ煮込みが自慢の大衆酒場のような矜持は、この旅一番の味だった。

二階の客間には、サラックと同じ調理用ではない縦型の薪ストーブが置いてあった。お父さんが、「寒いからね」とヤクの毛布を用意してくれた。ヤクの毛布は固くて重いが保温性は抜群だった。

「これで明日はプクタルまで行けるかな?」

「ここまで車で来られたからもう大丈夫だ。明日四時間くらい歩けば着くナ」

「よかった。プクタルのお坊さんは、お祈りとかしてくれるの?」

「もちろんだ。だって俺のお爺ちゃんがお坊さんをしているからナ。お願いしてやるよ」

「プクタルで? それはすごいな!」

そのお爺さんに祈ってもらって、過去の恥ずかしい愚行をすべて清算してもらおうか。そんなことを頼んだら「もっと恥をかきなさい」と言われてしまうだろう。

ラダックの人は長生きだと聞いた。乳幼児で亡くなってしまう事もあるが、ある程度まで育てば、八〇歳、九〇歳まで生きる人も少なくないそうだ。

ラダックのとある村に暮らす九〇歳を超えたお爺さんは、いつものように朝畑仕事をして、昼にうたた寝をしたまま亡くなった。ラダックでは、そんな穏やかな一生の終え方があるという。ラダックを訪れる前に、その話を母に話すと「理想的だね」と母は言った。

母は数年前から難病を患っていた。衰える体に失望し、もう長生きしても仕方がない、と呟くこともあった。息子としては不甲斐なかったが、現実的には無力だった。ただ、祈ってもらって何かを期待しているわけではない。ここまで歩いてきて、金が欲しい、長生きしたいなどと俗物的な自己の欲望を願ったら、むしろバチが当たる気がしたのだ。

一月二七日　プクタル・ゴンパ

朝食は、朝の定番スープのトゥクパ。チベット風のうどんだ。ヤク肉入りなのに臭みがなく美味しかった。体が温まった。

お父さんがお香を焚いて、各部屋を回って清めていた。ついでに僕にも煙をかけてくれた。すーっとするいい香り同様、気持ちのいい家族だった。

険しい山道を歩き続けた。すぐ横二メートル先は断崖。元々高所が苦手だったが、いつの間にか環境には慣れるものだ。ふとロータスが立ち止まり、足元を指差した。

「スノーレパードナ」

よく見ると獣の小さな踏み跡がうっすら二つ認識できた。

「え、ユキヒョウって幻とかいうじゃないか。そんなにウロウロしてるの？」

「ははは一！　俺の村なんて毎日のようにやってくるよ」

ロータスが自慢げに声をあげて笑った。その後もスノーレパードの足跡をいくつも見た。チャー村を過ぎると標高は四〇〇〇メートルを超えた。ソーラークッカーのない軽いはずの背中のザックが重く、ベルトが肩に食い込んで痛かった。昨晩ぐっすり寝られたとはいえ、体力が相当落ちていた。

（ちょっと休憩しないか）

そう声をかけようとしたら、ロータスが前方の山を指差した。赤い山肌に混じってひときわ目立つ緑色の山肌が見えた。

「あそこがプクタルナ」

つり橋のたもとで休憩していると山の奥から黒い犬が走ってきた。それを合図に僕らは再び歩き出した。犬が導く方へと山道を進んだ。とはいえ川を右手にした山沿いの一本道で、他に道はなかった。

しばらく歩くと遠くに赤い人影が見えた。年老いた小柄の僧侶だった。腰くらいまである大きな石の周りを時計回りにぐるぐると回り続けていた。全身、朱色というよりえんじ色に近く、とんがりコーンのすそを反りかえしたような独特の大きな帽子をかぶり、足はサンダル。顔は日に焼け、映画監督の三池崇史のような縁が鋭く尖ったサングラスをかけていた。歯はほとんどなかった。

一〇〇歳と言われれば疑いようのない達観した雰囲気だが、五〇歳と言われれば納得してしまう底知れぬ活力も感じた。「ジュレー」と頭を下げると「よく来たね」というように優しい笑顔を返してくれた。

さらに山道を歩いていくと、両側に平べったい岩を積み重ねた塀にタルチョーが渡された門が現れた。門をくぐると右手に白いストゥーパ。そして眼前に岩山をくり抜いたような大きな穴の中に白いゴンパが見えた。

ゴンパが山から生えていた。

現実とは思えない佇まいに、声も出なかった。ロータスも足を止め帽子をとってゴンパに向かって何かを祈り続けていた。

ようやくプクタル・ゴンパに到着した。

眼下に流れる川の音しかしなかった。四〇〇〇メートルの高地に降り注ぐ強い日差しを浴びたプクタル・ゴンパは、休日の小学校のような穏やかな空気が流れていた。敷地の中は小さな箱型の僧房が複雑に重なり合い、その間が細い通路となっていた。まるで迷路のようだった。

進んでいくと狭い中庭のようなところに出た。息があがった。ザックを石床に置き、ふーと息をついた。川で赤い服を着た男たちが洗濯をしていた。「ここで暮らしている若いお坊さんだ」ロータスが教えてくれた。小さい僧房には、約五〇人の僧侶たちが暮らしているという。

いつの間にか年老いた僧侶が笑顔を浮かべて立っていた。さっき石の周りをぐるぐると回っていた小柄な僧侶だった。息ひとつ乱れず、音も立てずに背後を取られていた。まるで忍びだ。

その小柄な僧侶は中庭に面した小さな扉を開けると僕らを手招きした。

扉は一〇〇センチほど。その奥に階下へと続く狭い階段が見えた。まるでスターウォーズのヨーダの家みたいだった。三池監督風のサングラスも相まって、どこか人間離れした雰囲気に異世界への入口のように感じた。

入口が狭いのでザックを置いて、手招きされるままヨーダについて階段を降りていくと二畳ほどの狭い部屋に通じていた。窓からは僕らが歩いてきた山道が見えた。

ヨーダは宙に浮いているようなこの部屋でずっと暮らしているという。中央には小さなコンロ付きの薪ストーブ。壁には数は少ないが食器がデコレーションされ、スケールは小さいがラダックの伝統的な部屋のスタイルだった。

上座を促されるが、ロータスもヨーダに手を合わせ続けているし、果たして上座に座っていいのか。何度か遠慮したが、いいからいいからというので従った。雰囲気が厳かすぎて足を崩せない。神に近い存在と対峙しているような気分だった。なのに、しばらくすると馴れない正座でふくらはぎがピリピリと悲鳴をあげはじめた。夏に泊めてくれたハヌパタ村の親父さんの家の時のように、また床を割ってしまわないかと不安になってきた。ヨーダがビスケットを三枚手拭いで丁寧に拭いてから、お皿に載せて出してくれた。チャイを入れてくれたので、ビスケットと一緒にいただいた。

ヨーダは、村人のように目が合えばニコニコするような愛嬌はなかったが、かと言って睨みつけたり、無視したりというわけでもなかった。不思議な包容力があった。

徐々に緊張も解け、周りを観察する余裕が出てきた。すべてがあまりにも汚かった。皿も湯飲みも、さきほどの手拭いも黒ずみ、シミだらけだった。ラグはもう床と同化していた。部屋も汚れ放題だった。これが物に執着しない、ということなのだろうか。

アンム村の娘さんが作ってくれたチャパティと昨日の残りのダルを薪ストーブで温め、三人で一緒に食べた。ようやくロータスが「俺のお爺さんナ」といった。僕はすぐに足を崩した。

八〇歳のヨーダが言うには、今日はあいにくゴンパには八人しか僧侶がいなかった。他の四〇数人はどこかの村へお祈りに行っていて、帰ってくるのは三日後。今夜はプクタル・ゴンパに泊まるつもりだったが、宿泊は難しいということだった。ただランチの後に、今いる僧侶たちがお祈りをしてくれることになった。

ロータスが他の僧侶に話を通してくれている間、ヨーダと二人きりになった。薪ストーブの火が消えると、部屋は急速に寒くなった。張り詰めた空気に「寒い」と言い出せないでいると、ヨーダはそんな僕の心を察したのか、わずかな薪に火をおこしてくれた。

ロータスが戻って来たので、ヨーダとともに部屋を出た。

立派な角のあるアイベックスの頭蓋骨が掲げられた扉をくぐり、階段をあがった。最上階は完全に洞穴の内部で、大きなゴンパと大きなストゥーパがあった。

最上階からすぐ下に広い中庭が見えた。日差しがよく入り暖かそうだった。そこに少しずつ僧侶が集まってきた。ヨーダと老人がもう一人。さらに中年の僧侶が三人と合わせて五人。八人のうち三人は仕事中で参加できないという。さっき川で洗濯していた若い僧侶たちだろう。

細長いカーペットがエル字に敷かれた。ゴンパを背に僧侶が一人座り、その左手に並んで四人。左からヨーダ、その隣にマラソンランナーのようなストイックな体型の丸刈の中年の僧侶。その隣の二人は逆にプロレスラーのように屈強な体格の僧侶。よく見ると人気レスラーの武藤敬司と佐々木健介に似ていた。

イギリス国旗のバンダナを頭に巻いた武藤とスキンヘッドの健介の順に座った。座り順がそのまま年齢順に見えた。健介の左斜め前、つまり最長老の正面になる位置にも小さめのラグが敷かれていた。

健介が下から僕に手招きをした。急いで階段を駆け下りると、その小さめのラグに座るよう笑顔で促された。

頭を下げて、ニット帽を脱ぎ、彼らに倣うようあぐらをかいた。おもむろにお経が始まった。誰かが号令をかけるわけでもない。僕が自己紹介や挨拶でもするのかと身構えていたので、いきなりの祈りの始まりに驚いた。

五人それぞれは別々のお経を唱えているようにも聞こえたが、同じお経を唱えているようにも聞こえた。それぞれの声色、節、リズムが共鳴していた。彼らは日本の僧侶のように背筋を伸ばした座禅スタイルではなく、体を前後に揺らしたり、左右に傾けてみたり動き続けていた。

徐々にフリースタイル具合は大胆になり、鼻をほじったり、カラビナをいじったり。このままいったら特に落ち着きのない武藤あたりは横になって足でも上げ下げしだすんじゃないかと思っていたら、いきなりお経のトーンが上がり、全員が一斉にとんがり帽子をかぶった。これまではイントロだったのだろうか。お経はどんどんリズムに乗っていった。そして五人の声がひときわ大きくなった瞬間、今まで無風だった中庭に突風が吹き抜けた。

バタバタバタバタバタバタ——

五色のタルチョーが荒々しくはためいた。風が吹き抜けていく先には、遮るものは何もなかった。彼らはお経を唱えながら、風が吹き抜けていった空をしばらく見上げていた。

お経は五〇分近く続いた。あまりにも自然に、流れるように進んでいった。

僕は一人ひとりに頭を下げながら、お礼をした。お布施という形でお金を渡すのだが、相場がわからない。ロータスに相談すると、その値段は自販機のジュース一本分くらいだった。金額の多寡によって祈りの価値や重みが変わるわけではないようだった。

祈りが終わると、洗濯を終えた若い僧侶が最上階のゴンパを案内してくれた。中は広く、大きな仏像が鎮座していた。用紙に母の名前と住所を書くよう言われた。三日後に他の僧侶たちが帰ってきたら、みんなで母の名前を読み上げながら、もう一度祈ると約束してくれた。

凍りついた川を渡り、プクタル・ゴンパの向かいにあるユーガレ村に泊まることにした。多くの旅行者はキャンプサイトのある少し離れたプルネ村に泊まるが、人気ゆえ料金も少し高いらしい。七世帯しか住んでいないユーガレ村は、ホームステイを受け入れているのも一軒だけで、よく働く若いお母さんと二歳児、お爺さん、お婆さんが笑顔で迎えてくれた。

家は埃まみれだった。窓のない廊下は真っ暗。ダイニングに棚はなく、壁にくぼみをつくって食器を置いていた。まるで洞穴で暮らしているようだった。だが客間の窓からはプクタル・ゴンパが見え、最高のロケーションだった。

チャイやグルグル茶を飲みながら体を休ませていると、ラダッキーの男がひとり入ってきた。勧められるお茶は断り、ただただお湯ばかり飲み、済まなそうにタバコを吸い続けた。インドのマナリから歩いてきたという。一〇〇キロ以上はある。冬のザンスカールは陸の孤島と聞いていたが、公の道が閉ざされているだけでローカルの人たちは長年の知恵と経験で行き来しているのだ。

「お前はラッキーだ。今年はあまり雪がないから、山道も歩けるんだぞ」と男は言った。

「これからまだまだ長い道のりだからな」頭のカンテラをつかんでニヤッと笑い立ち去っていった。風のような男だった。

一七時前にダルとライスを食べた。一八時頃に太陽光発電の電気がつくと部屋は一気に明るくなった。

二歳の子が寝て、食器も洗い終えると若いお母さんはお経を唱え始めた。お婆さんは毛糸作り、お爺さんは壁にデコレーションされている正月用の食器を磨いた。僕はその家族をボーっと見つめていた。

ふと、お婆さんがアンズのような小さな丸い塊を鍋にあけた。小さなジャガイモだった。お経を終えた若いお母さんが皮を剝き始めた。夕方に食べたダルが夕食だと思っていたが、珍しく旅人がきたから、これからモモをつくるという。お爺さんはどこからか凍ったヤクの肉を皿いっぱいもってきた。ロータスと手分けしてジャガイモの皮むきを手伝うことにした。

お爺さんが「部屋にあんたが入ってきた時、親戚の軍人だと思ったんだよ」と言い出した。確かに僕がこの部屋に入ると、お爺さんはちょっと驚き、どこか不思議そうな顔をしていた。ラダックに来てから一〇日ほどが過ぎ、容姿だけでもラダッキーみたいだと言ってもらえると仲間になれたようで嬉しかった。

ジャガイモと肉を混ぜた餡を皮で包んでいく。子供の頃は家で餃子の皮包みをしたものだが、もう何年もやっていない。ロータスや若いお母さんに何度も手ほどきを受けたが、不恰好なモモばかりで笑われっぱなしだった。お爺さんは「グッド、グッド」と褒めてくれたが、そんなお爺さんも「あなたは作り方も知らないでしょ」とみんなに笑われていた。

一時間くらいかけて、みんなで一〇〇個近くのモモを包んだ。自分で作ったモモだからきっと美味しいだろうと思ったが、僕の包んだ不整形なモモは不思議とほとんど味がしなかった。

一月二八日　イチャール村

朝六時。窓から見えるプクタル・ゴンパはまるで天空の寺院のように、夜明け前の薄明かりに浮かんでいた。見とれながら、昨日の彼らのしなやかな祈りを思い出した。諸行無常。柔らかきものは、強靭だ。

家人たちはダイニングでいつまでも寝ていた。

「お前がいけば、嫌でも起きて準備するナ」とロータスが急かした。今日の行程はこの旅で一番きついから早めに出発しようというのだ。

仕方なく頭を何度も下げながら、ダイニングに突入した。家人たちは飛び起きた。

「あら、あたしったら、やだわ、こんな時間まで！」と朝食のトゥクパの準備に急ぐ若いお母さん。慌ただしく布団を片付けるお爺さん。その横でお婆さんは、両手・両膝・額を地面に投げ伏して祈る五体投地を三度した。

朝食を作り、お茶を作り、ランチ用に昨晩の余ったモモの皮を温めてチャパティにし、ジャガイモを炒める。薪ストーブの上にいくつも手が伸びて、コンロは大忙しだった。火のコントロールを任されたお爺さんは、焦って燃料を注ぎ込み過ぎてコンロに火柱をあげてしまい怒られていた。

八時三〇分、出発。プクタル・ゴンパを背に来た道を戻る。ここからは目の前を流れるザンスカール川の支流の氷上を歩く。川幅は一〇メートルほどと狭く、氷の状態はあまりよくなかった。ロータスが僕のストック代わりの木の杖で凍り具合を確認しながら慎重に進んだ。時折山道へ迂回しても至る所で湧き水が凍り、さらに迂回しなければならず、なかなかペースは上がらなかった。

凍った川の上で丸太を滑らせながら運ぶ地元のラダッキーたちがやってきた。プクタル周辺では、家づくりに必要な固く大きな木を得るのは難しく、パドゥム方面から運んできたそうだ。

ただすれ違ったのは彼らくらいで、足元の凍った川はザンスカール川のチャダルとは異なり、氷がほとんど無傷に見え、混じり気なしの宝石の様にキラキラ輝いていた。

真珠のような完全な球体の白い石をロータスが見つけ、自慢げに見せてきた。

六時間近く歩き続けて、ドルソン村に着いた。ロータスの友人宅に迎えてもらうと、お母さんがいきなりチャンを出してきた。汗びっしょりで疲労困憊の僕にはチャンがいいという。キンキンに冷えたチャンの喉ごしは最高で、火照った体が少し落ち着いた。朝作ってもらったチャパティとジャガイモ炒めを温め直してもらい食べた。少しパワーが戻ってきた。ロータスの故郷のイチャール村まであと一時間ほど。すぐに出発した。

一時間と少し歩き、ようやくイチャール村と書かれた青い看板にたどり着いた。腰を下ろし、久々に見つけた手のひらほどの湧き水で顔を拭った。こびりついた汗がしょっぱかった。ここから村までの最後の登りをゼイゼイと荒い息を吐き出しながら歩いた。

標高三八〇〇メートルを少し超えた山の斜面にイチャール村は広がっていた。バレーボールのネットが張られた広場にある大きなマニ車と凍りかけの水場のすぐ近くにロータスの実家はあった。

ヤクを横目に玄関の小さな扉をくぐり、二階へ上がり廊下の奥のダイニングに通された。四畳くらいの部屋には大きな窓から日光がよく入り、壁には大きな万年筆のイラストと何かのメッセージが描かれていた。ロータスが描いたという。かなり上手だった。「自分の家のように振舞ってくれナ」

「ウェルカム、マイホーム！」両手を広げてロータスが笑顔で言った。

「ジュレージュレー」と返したが、僕はあまりの疲労で笑顔もぎこちなかった。

ロータスの両親が笑顔で迎えてくれた。お母さんはネイティブアメリカンのような彫りの深い濃い顔立ちで、お父さんはほとんど歯がないが甘いマスク。ロータスの整った顔立ちはこの両親のいいところを受け継いだのだろう。プクタル・ゴンパにいたヨーダのお兄さんにあたる九一歳のお爺さんも一緒に暮らしていた。

今日は二五キロ以上歩いたそうだ。コンディションの悪いなか、八時間弱はいいペースで、「ローカルの俺たちとほとんど変わらない、すごいぞ！」とロータスは褒めてくれたが、あまりの困憊にラグに腰を下ろしたらしばらく動けなかった。

ウェルカムドリンクはチャイとトゥクパ。甘いチャイが疲れた体に染み渡った。トゥクパはヤクの肉が入っていたが、どうしても肉が噛み切れない。ナイフまで使ってギリギリ限界まで肉を骨から切り落として食べている隣のお爺さんに隠れて、こっそりと出した。

「ふくらはぎをお湯でマッサージしろナ」ロータスが廊下にお湯を用意してくれた。

本当は髪の毛をゆすぎたかったが、疲れているのは髪より足だというので従った。お湯を左右のふくらはぎに交互にかけて、しばらくもんだ。足のダルさが少し取れた。

ダイニングに戻ると、父と息子が真剣に話をしていた。ロータスは七人兄弟の長男で二八歳、独身。昔ならとっくに結婚して家を継いでいる年齢だ。「仕事は？」「結婚は？」「跡継ぎは？」「将来どうするつもりだ？」「いつ家に戻ってくるんだ？」一年ぶりに会う息子に父親として気になることもきっとたくさんあるだろう。

ロータスは真面目だがガイドとして外国人との付き合いも多い。英語もスマホも自在に操り、欧米的な刺激も浴びている。伝統に縛られる風でもないのかもしれない。ただレーでは妹二人を養っているし、家族を想う気持ちは強いだろう。二人はかなり長い時間話し込んでいた。

ダイニングでしばらく休んだ後、村を少し歩いた。ザンラ村には及ばないがプクタル・ゴンパの辺りの村と比べるとイチャール村はかなり大きかった。

石作りのきれいな学校は海外からの支援で、校庭には真新しい遊具まであり、寄宿舎も建設中だった。

子供たちもたくさんいた。僕の顔を見るや「ハロー！　どっからきたの？」と英語で話しかけ、「お金持ってる？　ちょうだいよ」なんて軽口を叩き、みんなでゲラゲラ笑っていた。夏のトレッキングコースだから外国人が珍しくないのだろう。

大きな白いストゥーパの周りを時計回りにぐるぐると歩く村人たちがいた。ロータスに気づくと、歩みを止めて、しばらく久々の会話を楽しんでいた。

家と家の間を抜けて、村の一番高いところまで登ってみた。村を見下ろせるこの場所には仏陀の坐像が製作中で腰から下は概ねできあがっていた。間に谷を挟んで、向こうの山にストゥーパが見えた。祈祷する部屋があるという。

「こっちの山からあっちの山へ渡れる橋をつくるのが俺たちの長年の願いなんだナ」

「そりゃあったら便利だけど、作るのは大変だなー」

祈る度に谷まで下りてまた山を登って行くのかと思うとその呆れるほどの信仰心に感心した。

「毎度あんな遠くまで歩くなんてすごいなー」と向かいの山のストゥーパを眺めていたら、子供たちの大きな声が聞こえた。ロータスが焦って僕に叫んだ。

「スノーレパード！」

「え、本当！」

驚く僕を尻目にすでにロータスは山を駆け下り始めていた。僕もすぐに砂利道を駆け下りた。急勾配だが興奮が上回って恐怖もあまり感じなかった。瞬間的に疲れも吹っ飛んでいた。さっきのストゥーパあたりでロータスに追いついた。

「めちゃめちゃラッキーナ」

民家の塀に集まっている村人たちが、あの辺だと指差した。斜面から塔のように突き出た細い岩が見えた。二人の子供たちと四人で塀を乗り越え、その細い岩へ近づいていった。あと一〇メートルほど。息を潜め、その瞬間を待っていると子供たちがいきなり立ち上がり石をいくつも投げ始めた。

（おい逃げるだろ！）と静止しようと思ったが、彼らにとってスノーレパードは大切な家畜を襲う迷惑な存在。見かければ追い返すのが彼らの流儀なのだ。

細い岩に投げつけた石に何かが反応した。一瞬で岩のてっぺんに駆け上がる大きな影。でかい！　一メートル以上はある。しなやかに躍動する筋肉質なシルエットは、飼い慣らされた動物とはあきらかに異なる荒々しい野生のエネルギーを発していた。次の瞬間、その影は岩肌を垂直に駆け下り、あっという間に僕の視界から消え去っていった。動物園のように毛艶まで見ることはまったくできなかったが、夕日に照らされた分厚いシルエットがむしろ神秘的だった。心臓の鼓動が猛スピードで高鳴っていた。見慣れているはずのロータスも興奮気味だ。僕に見せることができて嬉しかったのだろう。

「すごいぞ、すごいぞ」僕はいつまでも興奮していた。

「友達に聞いたら、最近は七〇パーセントの確率でスノーレパードを見ることができるみたいだ」ロータスが言った。「もう一泊するか？」

三日に二日は出会える確率だ。

「うん、そうだな……」ここまで同じところに二泊とせず歩き続けてきた。「もう一泊しよう」僕は明日の一日をスノーレパードとの再邂逅のチャンスに充てた。

帰宅すると、お父さんが斧を振り上げ、凍ったヤクの後ろ足からガシガシ肉を削り落としていた。モモをつくってくれるという。昨晩とは比べものにならない肉の量だった。

夕食を待つ間、ダイニングの窓際で少し休ませてもらった。横になると疲労がじわじわと全身に広がり、意識を失うように眠った。限界はとっくに超えていた。


「おい、食べてみろナ」

目を開けるとヤク肉の刺身を差し出された。一頭から、ほんの数切れしか取れない貴重な部位で、最高の贅沢らしい。

——生か。

躊躇したが、冷凍保存されていたのだから大丈夫だろうと口に入れた。

「旨い！」

思わず唸った。ふれこみに違わず、日本の酒場でも十分看板メニューになりそうなほどめちゃくちゃ美味しかった。ただ、その代償は大きかった。

再び横になると猛スピードで体調が悪くなっていった。できあがったヤク肉いっぱいのモモが口に入らなかった。空腹のはずなのに手が動かなかった。お皿に一〇個盛ってもらったが、五個食べるのが精一杯だった。

せっかく盛大なご馳走を用意してくれたのに申し訳なくなり、気力も体力もどんどん枯渇していった。ダイニングの隣の一五畳くらいありそうな広い部屋に布団を敷いてもらい、暖かいヤクの毛布をかけて早めに寝ることにした。

夜中二時。

あまりの吐き気に目が覚め、トイレへ駆け込んだ。

前かがみになり排泄物を落とすブラックホールと対峙した瞬間、マーライオンのように口から汚物が吹き出した。

「レロ！　レロ！　レロ！　レロ！　レロ！」

明瞭な雄叫びが、真夜中の村に響いた。その音に反応した犬たちが吠え出し、悪寒が全身を駆け巡った。

一月二九日　イチャール村

朝、目が覚めると体調は最悪だった。ロータスに伝え、しばらくこのまま寝かしてもらうことにした。ヘリでも使わなければ、チャダルを歩かずに帰ることはできない。日程的にも何とか今日中に体調を回復させなければならなかった。

心配したロータスが温かくて甘い飲み物を持ってきてくれた。インドで体調を崩したらまず飲むという謎のミルクをいただいた。二時間ほどして、トゥクパを持って来てくれたが食欲がなくてほとんど飲めなかった。

昼、野菜カレーを作ってくれたが半分も食べられなかった。真冬の貴重な野菜を申し訳なかった。

天井を見つめながらずっと横になっていた。

時折、天井裏でものすごい量の小動物の動く音が聞こえた。ネズミだろうか。幻聴だろうか。怖すぎてロータスに聞くのをためらった。

夕方、ロータスがおかゆをつくってくれた。日本の味にかなり近かった。少量だったがなんとか食べ切ることができた。

明日の朝、パドゥムに行く車が村の前を通るという。その車に乗らなければならない。もはやスノーレパードどころではなかった。ひたすら寝た。

夜、お父さんがトゥクパを持ってきてくれた。少し飲めたが、ヤクのチーズは体が受けつけなかった。お父さんは馬方をしているが、今年はまだ一件しか仕事をしていないらしい。「お父さん、ごめんなさい」と心の中で詫びた。

寒くないようにとお父さんが掛け布団を七枚も用意してくれた。肩が出て冷えないように、何度も何度も掛け直してくれた。布団も重いが気持ちも重く受け止め、なんとか回復したいと願った。

夜中、誰かが部屋に入ってきた。うつらうつらしながらうっすら目を明けるとお父さんが何かに土を盛り、火をつけ、お経を唱えながら、煙を僕に何度もかけてくれていた。おまじないだろうか。煙に包まれながら再び眠りに落ちた。

一月三〇日　ラルー村

朝目が覚めると体調がだいぶ回復していた。お父さんの煙が効いたのかもしれない。ウォータースライダーのような下痢は続いていたが悪寒は消え去っていた。

外に出て、水場で数日ぶりに歯を磨き、顔を洗い、髪をゆすいだ。すぐに髪は凍りついたが、少し気分がよくなった。

ダイニングへ行くとお母さんはもう起きていた。薪ストーブを焚いてくれたので凍った髪を乾かしていたら、お父さんも起きてきた。おかげで体調がだいぶよくなりましたと身振り手振りで伝えると二人とも嬉しそうに何度もうなずいた。

トゥクパも飲み切ることができた。チャパティにスクランブルエッグも完食した。食事が摂れれば、体力も回復してくるだろう。

ようやくロータスが起きてきた。

「昨日の夜、四時頃帰って来ただろう」と僕が笑うと、「パーティがあったナ」と恥ずかしそうに笑った。もう一度スノーレパードを見ることは叶わなかったが、ロータスが一年ぶりの帰郷を楽しめたようでよかった。

村から山を下り、車道で車を待っていると青年が一人やってきた。初対面だが「お腹は大丈夫?」と心配そうに訊ねてきた。昨晩ロータスから聞いたのだろう。「ジュレー、もう大丈夫だよ」と笑顔で答えた。彼もパドゥムへ行くそうだ。

二時間後、車はようやくやってきた。帰路は行きほどの危険もなく、昼過ぎにパドゥムに到着した。前回訪れた記念日の時よりも街は落ち着いていて、開いている店も少なかった。

ロータスが帰りのチャダル用の食料を買い込み、ラルー村までのシェアカーを探している間、定食屋でメギを食べて待った。インスタント麺のメギを食べていれば腹を壊すことはないだろう。

ラルー村に帰ってきた。

長身のお爺さんはソーラークッカーの設置場所を考えてくれていた。

「畑のところがいいと思う。ここなら家畜たちも入ってこない」

家の目の前にある小さな畑では、大麦、小麦、キャベツ、ジャガイモ、人参なんかを作っていて、家畜に荒らされないようしっかりした背の高い柵に囲まれていた。畑の中に入ってみると石を積み重ねたかまどと焚き火の跡があった。畑仕事の合間に薪や糞でチャイを作ったりするそうだ。

「ここでソーラークッカーを同じように使えばいいですね」

「そうそう、そのつもり」お爺さんは笑顔でうなずいた。

場所は決まった。いよいよ明日の日中、ソーラークッカーをみんなで使う。

「明日も晴れだな」

青空に向かって、僕はつぶやいた。ラダックの年間降水量は八〇ミリ。そのほとんどは夏だ。冬は雨どころか曇ることすら珍しい。その証拠に、この冬も一日とて太陽を拝めなかった日はない。

なのに、ロータスが青空を眺めながら不吉なことを言った。

「曇りかもナ」

一月三一日　サラック

よく眠れた。下痢も多少おさまってきた。しかし、空はロータスの予言通り曇っていた。落ち着かず外に出て歩き回ってみたが天気は変わらなかった。太陽が昇ってくる山の方向を見つめ続けた。少しずつ白い空が明らんできた。こいこい！　しかしそれ以上の変化はなかった。

もう確実に山の上に太陽が顔を出している時間になっても空には一面厚い雲が広がり、太陽は姿を見せなかった。

昨日まで広がっていた深い青空はどこへ行ったのだ。なぜよりによって、今日だけ曇りなのだ。僕は村のはずれにある大きなマニ車を何回も何回もまわした。いくら力んでまわしてみても、マニ車の鐘の音が静かな村に響き、鳥たちが曇り空に向かって元気に飛び立つだけだった。

家に戻るとすでにみんなは起きていた。

「曇りだな……」ロータスに嘆くと「あーそうだナ」さほど残念そうでもない。「それがどうした。明日からはまた晴れが続くだろ」といった風だった。

冬にソーラークッカーが大活躍する姿を見にきたのだ。お湯が沸く瞬間を見たい。万が一うまく使えないという不安だってあった。確実にお母さんたちに役に立つという実感を得て、ソーラークッカーを置いて帰りたかった。しかし帰国便の予定で、今日の昼にはラルー村を発たなければならなかった。

トゥクパとグルグル茶を飲みながら、リビングの小窓から外の様子を眺め続けたが、一向に太陽は顔を出さなかった。一一時過ぎ、ソーラークッカーの使い方をレクチャーするために、お母さんたちと畑に出た。

太陽光を集めやすいように表面が黒く塗られた『かるぴか』専用の鍋を袋から取り出した。チャダルの初日から食事の度にガンガン使っていたが、いよいよ本来の役割に徹してもらう。鍋に水を入れた。

『かるぴか』には太陽光を効率よく集めるために最も重要なパラボラの方向を定める小さな照準器がついていた。しかしあまりに曇っているので、太陽の位置をつかめない。本来は照準器の影の長さが短くなるようパラボラの向きと角度を調整するのだが、太陽の光が弱いため肝心の影が認識できなかった。仕方なく目視で太陽の位置を想定し、パラボラの向きを調整してみた。

その理屈をお母さんに説明するものの「はー」と生返事。実際の影を見ながらでないと理解は難しいだろう。悔しかった。

「ミラーが汚れているとパワーが落ちるので、いつもピカピカにしておいてください」

新品のスポーツタオルを一枚渡した。

「風が強くてもパワーが落ちるし、倒れて壊れることもあるので気をつけてください」

畳んだソーラークッカーを収納する専用の袋と反射した光から目を守る専用のサングラスも渡した。

できれば一緒にお湯を沸かして、「わーすごい！」と盛り上がりたかった。これだけ空気が澄んだ場所なら三〇分でお湯は沸くはずだが、ゴトクの鍋に動きはなかった。出発の時間が刻々と迫ってきた。

「ぜひ毎日使ってください」と伝えると「私にできるかしら」と少し不安気だった。仕組みもいまいち理解できない、はじめて見る器具なのだから無理もなかった。

「もう一日泊まって、明日リトライできないかな?」僕は悪あがきをしてみたが、「その必要はないナ」とロータスに笑い飛ばされてしまった。

「この辺でソーラークッカーを使っている人は少ないけど、何人かはいる。彼らに使い方を教えてもらえばいいナ。太陽光が強いのはお前も知っているだろ。大丈夫、大丈夫。俺たちがいなくても何も心配ないナ」

不確かな自然と共に暮らす彼らは、想定外の天候など慣れっこなのだ。いや、ハナから何かをコントロールしようという気すらないのかもしれない。世の中すべてなるようになる。いくら力んでもなるようにしかならないのだ。

東京からやってきた。ソーラークッカーを背負って何日も歩いてきた。それなのにとイライラする自分がものすごくちっぽけに思えた。いくら騒いでも太陽は顔を出さないのだ。

「今日は曇りか。明日は晴れるさ」と笑い飛ばせるしなやかさがほしかった。

ついに迎えの車が来た。タイムアップだ。ザックを背負い、車に乗る直前、最後にもう一度だけ『かるぴか』の様子を見た。ようやく小さな水泡が現れ始めた……気がした。お母さんに「このまま待っていれば、お湯になります！」と伝えて車に走った。

お母さんは娘を抱えたまま、見えなくなるまで手を振っていた。


二日かけて歩いた道のりも車なら二時間でサラックに到着した。

小枝をストーブにくべてドラム缶の部屋を暖めた。置いておいた荷物もそっくりそのままだった。

ラルー村のお母さんがつくってくれた甘くて大きいパンを食べていたら、ドアを乱暴に開ける音がした。大男が入ってきた。

「こいつと一緒に泊まってもいいかい？」

大男は小さな白い犬を連れていた。

「ジュレージュレー」と笑顔でベッドに座り、袋からさらに小さい子犬を取り出した。明日ラルー村の手前のカルシャ村に帰るそうだ。

犬が病気になってしまったのだが、ザンスカールには動物病院どころか人間の病院すらない。一週間かけてチャダルを歩いて犬と一緒にレーに行ってきたという。なんて心優しい飼い主なんだ。

彼に日本では犬猫の殺処分が行われていると言っても、「なんのためにそんなことをするんだ？」と理解してもらえないだろう。日本人は毎日お茶碗一杯分の食事を食べずに捨てていると知れば、「底無しのバカだな」と笑われるに違いない。

夕飯はマカロニパスタ。ロータスはたっぷりよそって、大男から皿を回した。

二月二日　ニェラク村

朝、川で歯を磨いているとコップの水が凍り始めた。しかし前回あれほど凍えたサラックも、昨夜はまったく寒くなかった。二月に入ったことで寒さの底は過ぎたようだ。

朝焼けに山が照らされていた。昨日の曇り空をあざ笑うかのように、雲ひとつない密度の濃い青空が戻っていた。きっと今日ならお湯も三〇分かからずに沸いただろう。悔しい。僕はまだ引きずっていた。

サラックを出て、三〇分ほど車道を歩いた。途中、ロータスが真新しいサングラスを拾い、ちゃっかり額にのせて、またすぐ歩き出した。

二週間ぶりにザンスカール川に降り立つと、予想以上にザックが重かった。サラックからは再び寝袋を背負わないといけない。ソーラークッカー分軽くなっているが、それ以上に体力が落ちていた。不快な腹痛もまだ燻っていた。チャダルを歩き始めた途端、左肩のザックのベルトが千切れた。軽量化を重視したイギリスブランドには荷が重すぎたのかもしれないが、格安だけにむしろよくここまで耐えてくれた。

リンシェ村の入口まで何度も転んだ。腹痛のせいで踏ん張りがきかず、集中力も切れかかっていた。肘を打ち、膝を打ち、尻を打ち、ザック越しに何度も何度も背中を氷に叩きつけられた。しまいにはストック代わりの木の杖を頭上に放り投げ、もんどり打って転がった。みかねたロータスが休憩しようと言った。

ザンスカールに向かう五人家族とすれ違った。ロータスが中学生くらいの娘に二言三言言葉をかけて、さっき拾ったサングラスを渡した。持ち主はザンスカールにいるからとでも言ったのだろうか。

ラダックのある僧侶が言っていた。「チベットの森を伐採すれば、カリフォルニアで洪水が起こる。私たちはすべてお互いを頼って生きているんです」と。負が連鎖するなら、正も連鎖するはずだ。このサングラスが持ち主の元へ戻れば、世界はちょっと変わるのかもしれない。

昼過ぎ、ニェラク村に帰ってきた。体調は悪かったもののペース自体は悪くなかった。ただ村まで深い雪道を登る力は残ってなく、川の近くに建つ石を積んだだけの洞穴のような小屋にチェックインした。

外で横になり、体を休めた。日差しが強くて、Ｔシャツだけでもまったく寒くなかった。太陽の陽を浴びていたら、少しずつ体力の回復を感じた。

夕飯はトマトのスープに緑の葉のカレー。スープは美味しく飲めたが、カレーは重要な味付けを忘れたのかと思うくらいまずくて少しだけ残してしまった。一九時には寝袋に潜り込んだ。

暗闇で寝袋に入ったまま薪が「バチバチ」と燃える音しか聞こえないと火葬されている

気分だった。その焚き火の煙が部屋に充満した。石をただ積んだだけなので換気まで考えていないのだろう。一酸化炭素中毒で死なないだろうかと不安になりながら、眠りに落ちた。

二月二日　ディップ・バオ（洞窟）

右足のふくらはぎがつり、目が覚めた。そのせいか嫌な夢をいくつも見た。身体中が痛かった。左膝は相当強く打ったようで地面に触れるだけで激痛が走った。

朝飯はリゾット。「全部食べなきゃダメだナ」とロータスに言われ、なんとか完食した。

ニェラク村の巨大氷瀑の付近はチャダルの状態が悪く岩場を登って越えた。丘からは眼下のキャンプサイトにツアーのテントが見えた。だいぶ増えていた。ツアーもピークに入ったようだ。

岩場を下り、再びチャダルに立った。ただ、こちら側の状態も悪かった。ロータスが

「そこで待っててろナ」と言って、僕のストック代わりの木の杖を持って氷をチェックしに一人チャダルを進んでいった。

力一杯氷に木の杖を突き刺し、少し進み、また杖を突き刺す。体重を支えられないと意味がないから、かなり力を込めて氷に突き刺した。五〇メートルくらい進み、また木の杖を氷に突き刺した瞬間だった。「バッキ！」と音を立てて、僕の杖が三つに砕け散った。

一呼吸おいてロータスがこちらを振り向き、「ブロークンッナ」と言った。記念に日本に持って帰ろうと思っていた杖だったが、ロータスの罰の悪そうな顔が面白くて、声をあげて笑ってしまった。

二月に入り、チャダルにはインド人だけでなく、欧米人のツアー客も増えていた。一〇人くらいの大所帯のパーティとも何組もすれ違った。ロータスの顔見知りのガイドもたくさんいて、「俺のベストフレンドナ」と紹介されたガイド仲間とも会えた。みんなで腰を下ろして話し込んだりして、ロータスもどこか嬉しそうだった。

昼前にはレー方向に向かうポーター一〇人くらいの集団に巻き込まれた。まるでレースのように抜きつ抜かれつとなった。僕も負けじと頑張ったが、六〇代ぐらいの小柄な爺さんポーターがめちゃくちゃ速くて驚いた。氷の上なら白鵬にも勝てるんじゃないだろうか。昼前、ディップ・バオ（洞窟）に帰ってきた。ポーターたちに刺激され、僕のペースもかなり速くなり、体調もいつの間にか回復していた。

ランチは焼きそばとマカロニ。ラダックフードらしいが、完全にインスタントの味だった。おかわりするほど食欲も戻ってきた。汗に濡れた服を強い日差しで乾かした。目の前の小川で顔と髪をすすいだ。さらに足先も小川に入れてみたが、三秒で痛点に達してすぐに引き出した。

一五時半。まだ明るかったが、太陽が山に隠れて直射日光がなくなると急激に寒くなった。前回泊まった洞穴に枝をスポークにしたテントを立て、寒さをしのいだ。夕飯を食べ終えると、いつの間にか寝てしまった。

外が明るい。夜が明けたのか。時計を見ると夜の二一時過ぎ。不審に思い、テントから這い出た。

不思議な世界が広がっていた。

氷点下に凍えながら、洞穴から見た夜空は異様なほど明るかった。夢の中なのか。錯覚を起こすほどの景色は、地球にいるとは思えなかった。ひときわ煌めく一番星は、地球だったのかもしれない。

二月三日　シングラ・コンマ

同じチャダルなのに進む方向が逆だから、行きとはまったく違う景色の中を歩いているように感じた。

スズメほどの小さな鳥が、急降下してザンスカール川に飛び込んだ。しばらくすると浮き上がってどこかへ飛んでいった。川の中で餌を捕っているという。凍えるほどの川に飛び込むなんて。生き物の順応性に驚いた。

休憩中、ロータスが岩場の急斜面を登っていった。しばらくするとお香の元であるシュクパの葉を持って戻ってきた。

「はじめてのチャダルだから、幸運のお香をあげるナ」

たぶんそれは歩きはじめの時に渡すものだろうと思いつつ、「ジュレー」と受け取った。ロータスがザックの右肩につけてくれた。爽やかないい香りがした。

昼前、予定より早めに今日の行動は終了した。今夜の寝床は高さ数十センチの洞穴。テントは立てられないので、そのままゴロ寝だ。

チャダル初日はロータスがテントのスポークを失くして、まさかこのまま野宿かとビクビクしていたが、最終日には何のためらいもなく、むしろ準備が楽だとゴロ寝を受け入れられるようになっていた。人は環境に慣れるものだ。

一八時過ぎて太陽が山に隠れると強風が吹き荒れ出した。対岸のキャンプサイトはひどい砂嵐。テントが風船のように転がっていた。しかしこちら側は不思議と風が弱かった。

最後の夜。洞穴の入口で焚き火をしながら、ロータスといろいろな話をした。

ロータスは広島、長崎に原爆が落ちたことは学校で習ったが、東日本大震災についてはほとんど知らなかった。僕は同じ頃にラダックで洪水が起き、大きな被害を受けていたことをまったく知らなかった。

ロータスは今度東京でオリンピックが行われることも知らず、興味もなさそうだった。サッカーのワールドカップも同様だった。世界最大のイベントと息巻いても、地球の半分の人は、その存在すら認識していないのだ。

夕飯の後、洞穴を出ると信じられない数の星が瞬いていた。昨晩は空が明るすぎて星なんてほとんど見えなかったのに、今夜は星座を判別できないほど、あらゆる星が輝き空を埋め尽くしていた。

昨日と今日の夜空はまったく違っていた。寒くなければ、いつまでも見ていたかった。空にはこんなにたくさんの星があるのに、僕が暮らす東京ではほとんど見ることができない。この星空を見られただけでも来たかいがあった。そして最後の夜は更けていった。

二月四日　グル・ド

洞穴の石の冷たさが背中から伝わってきて目が覚めた。少しずつ空が明るくなってきた。

焚き火をし、お湯を沸かす。朝は決まって白湯《さゆ》からはじまる。一番の薬は白湯だとロータスはアムチに教わったそうだ。

もらったお香をすべて焚いた。日本に持ち帰れと言われたが、絶対に大麻と疑われて捕まると言ったら笑って納得してくれた。爽やかな香りが洞穴に充満した。

最後のチャダルを歩いた。一時間ほど進むと、ようやく太陽が山間から顔を出し、少しずつ体をあたためてくれた。

一〇時過ぎ。工事中の車道が現れた。そろそろゴールも近いなと思っていたら、突然ロータスがこちらを振り向き、握手を求めてきた。

「チャダル完走、おめでとうナ」

「え、終わり？」

これまでと変わらない氷の上だった。

「もう？　ここで？」

テントもなく、車もなかった。何より人が誰もいなかった。

スタートの時の喧騒とあまりの違いに戸惑ったが、ロータスはニヤニヤするばかりで、さっさと昼飯の準備をし始めた。

出発の時に撮影した写真を探して見比べると、確かにスタート地点のグル・ドのベースキャンプだった。そういえばスタート時は昼もだいぶ過ぎていた。朝だから閑散としていただけだったのだ。

僕の体内から溢れんばかりの活力が行き場を失っていた。

あまりにもあっけないゴールだった。

エピローグ

六月二五日　パドゥム

ラダックに短い夏が訪れていた。

真夜中に犬たちは吠え、明け方にアザーンは鳴り響いた。

僕はレーのゲストハウスを出て、４ＷＤのスコーピオに乗り込んだ。杖をついた老婆と息子、お母さんと娘、おじさん、そして僕とロータスの四組七人を乗せた車は、朝焼けに照らされた山やまに向かって走り出した。

レーからカルギルまで続く道はロータスが言う通りきれいに舗装され、二四〇キロを五時間程度で走りきった。カルギルの街はパドゥムなんて比較にならないほど大きく、チベットの匂いもせず、インドらしい派手なデコレーションのトラックが行き交い、ラダックにいることを忘れさせた。

ここで老婆と息子が降り、僕らはさらに南下し、ザンスカールへ向かった。

標高四〇〇〇メートル近い山道を走り続けた。巨大な永久凍土の先に久しぶりにストゥーパが見えた。

「あそこからザンスカールナ」

ザンスカールに入ると丸々とした可愛いフォルムのマーモットたちが間抜けそうな顔を見せはじめた。彼らの巣穴が増えるにつれ、道路のコンディションは悪くなり、手つかずの大自然はぐんぐん美しくなった。トイレ休憩では、ザンスカールで生まれ育ったロータスでさえ、はじめて見る景色のように夢中になってスマホで撮影していた。

「うおーーーーーーー！」

僕は意味もなく山に向かって大声を張り上げた。ロータスたちがそんな僕を笑った。

パンクを二回して、一七時間かけて、四七五キロを走り、ようやくパドゥムに着いた。

真夜中の街は寝静まっているかと思いきや、若者がウロウロしていた。バザールの二階からピンクの灯りと軽快な音楽が漏れていた。カーテンの隙間から立ち上がって体を揺らす人の姿が見えた。パドゥムの夏は盛りのついた犬のように盛り上がっているのか？

まだ空いている宿を見つけ、玄関で料金交渉をしていたらポツリと何かが頬を叩いた。続けて、ポツポツと顔を濡らした。

「雨?」

嫌な予感を抱えたまま、ベッドに倒れこんだ。

六月二六日　ラルー村

鳥のさえずりで目を覚ました。カーテンを通して陽の光が部屋に差し込んできた。飛び起きて、カーテンを一気に開けた。晴れだ!　雲もほとんど見当たらない。

外に駆け出るとナイフで切ったように白い雲と青い空が直線で上下真っ二つになっていた。なんて空だ!　ともかく日差しは強すぎるくらい強かった。この天気ならきっと大丈夫だ。

宿の親父の車に乗せてもらいラルー村に帰ってきた。砂煙にまみれながら、半年前の雪に埋もれていた村の記憶が蘇ってきた。

「この家だ」

完全に目的地を認識すると嫌でも庭に目がいった。視界の左隅にステンレス製の異物が飛び込んできた。

「あ、あれだ！」

僕は思わず声をあげた。セットで届けた鍋にお茶葉が入っているように見えた。

車を降り、ロータスが外から声をかけ、玄関の小さな扉をくぐった。冬は半地下みたいな部屋がダイニングだったが、夏は僕らが泊まった二階の客間をダイニングにしていた。

ラルー村は電話が通じないので、前もって連絡することはできない。覚えているだろうかと少々不安になりながら、ロータスについて階段を上がり部屋をのぞくと、お母さんが下の娘を抱きかかえたまま変わらぬ笑顔で「ジュレー」と迎えてくれた。

お爺さんも笑顔で「ジュレー、ジュレー。また会えて嬉しいよ」と長身を折りながら手を差し出してきた。「はい、僕もです」僕はその手を強く握った。

突然の、六ヶ月振りの、遠く離れた日本からの訪問にも、まるで来ることがわかっていたかのように、彼らはほとんど驚く素振りを見せなかった。

四歳になり学校に通い始めた娘にクーピーとノートのセットを、お母さんには鍋つかみのミトンをお土産に渡し、僕は訊ねた。

「その、どうですか。ソーラークッカーは？」

あの時「私にできるかしら」と不安そうだったお母さんは笑顔でロータスに何か言った。

「天気がいい日はお茶を作ったりしているってさ。あと洗濯の時にとても助かってるって。冬は水がとっても冷たいからって」

この言葉を聞くために、僕は再びザンスカールを訪れたのだ。

「そうですか。よかった、よかったです。ほんとによかった。ジュレージュレー」

昨晩パドゥムで泊まった宿の庭には、ソーラーウォーターヒーターが設置してあった。スタッフにソーラークッカーは使わないのかと聞いたら、「そんなのもう使わないよ。今はみんなこれさ」と誇らしげにヒーターを指差した。

あと一、二年もすれば、このザンスカールでもソーラークッカーは時代遅れの代物になってしまうのかもしれない。でも今役に立っているならそれでいい。これで工房あまねの滝沢さんにも報告できるとほっとした。

「日本からお湯だけでつくれるカレーを持ってきました。みなさんの口に合うかわかりませんが、ランチに作りましょう」

まったく料理のできない僕のせめてものお礼だった。

レトルトルーの袋を水のはった鍋に入れ、『かるぴか』のゴトクに乗せた。照りつける太陽に向けて、照準器を使ってパラボラの向きを調整。完璧だ。よく見るとパラボラの鏡がちゃんと拭いてあり、足元の三脚には風で倒れないよう重しが置いてあった。

五分で鍋のガラスの蓋にしずくがつき始めた。ただ太陽の光は申し分ないのだが、風が強かった。工房あまねの滝沢さんも「風が天敵なんですよ」とおっしゃっていた。「熱くなった空気が風で飛ばされるナ」とロータスも知ったようなことをいいながら不用意に鍋の下に手を入れ、あまりの熱さに慌てて手をひっこめた。

一〇分経つと蓋についた水滴の量がだいぶ増えてきた。おそらく洗濯で冷水と混ぜて使うにはすでに十分な温度だろう。

二〇分もすると鍋の蓋の白いつまみが触れられないほど熱くなった。このつまみにも触れずに蓋を持ち上げられるよう針金が巻いてあった。普段使いが感じられると日常的に役立っているようで嬉しかった。

二五分で鍋の底から水泡が小さいながらもボコボコといいはじめた。ちょうど三〇分経過したところでカレーを入れた鍋をゴトクから取り上げた。一年かかって、ようやく念願のソーラークッカーを使うことができ、一人静かに興奮した。

ただ肝心のカレーの味はというと微妙だった。インドの米が日本の米と大きく違うとはいえ、大好物の欧風カレー・ボンディも日本で食べる時ほどの感動はなかった。お母さんたちも「美味しいわ」とは言ってくれたが反応は薄かった。ここは標高四〇〇〇メートル近いわけで、水の沸点は一〇〇度以下。おそらく八七、八度。その違いが完成度に微妙な影響を与えたのかもしれなかった。

お母さんと向かい合って食事をしていたら、僕の妻にどことなく顔が似ている気がした。だからこの家族に『かるぴか』を託そうと、これ以上ないほど恣意《しい》的な決断をしたのかもしれないと思った。

翌朝五時。お母さんたちはまだ寝ていた。

縁があれば、またきっと会える。みんなを起こさないようにこっそりと家を出た。

外は雨が降っていた。空にはぶ厚い雲が広がり、太陽の姿はまったく見えなかった。

一日ずれていたらと思うとぞっとした。

結局、この雨は一日中降り続いた。

六月二八日　マンカルモＢＣ（標高4200メートル）

「山頂は何メートル？」

「いろいろ計測の違いがあるけど、六〇五三メートルだナ」

「アタック直前のベースキャンプ（ＢＣ）は？」

「四六〇〇メートルくらいだ」

「最後は一気にそんなに上がるのか。大丈夫かな……」

「チャダルよりはるかに簡単だ。お前なら大丈夫ナ」

ラルー村から一日がかりでレーに帰り、ロータスの家に泊まった僕は、翌朝、隣村のストック村からロータスと二人でラダックの名峰ストック・カンリの山頂を目指して山道を歩いていた。

ソーラークッカーを背負ってチャダルを歩き、ラルー村のお母さんに届けたことで目的を果たすことはできた。しかしチャダルを歩き終えた僕に去来したのは、達成感でも充足感でもなく、虚しさだった。まだ、終われなかった。

小さな峠まで登るとストゥーパが鎮座し、タルチョーがはためいていた。向かいの山肌は七色に輝き、とんがり帽子のような奇岩がいくつも生え、そこを縫うように歩く野生のブルーシープの親子が見えた。

息が上がり、ペースは徐々に遅くなった。四〇〇〇メートルを超えると、残雪が目につきはじめた。標本のようなブルーシープの頭蓋骨が転がっていた。パッカリと顎《あご》が開き、肉片は微塵も残っていない。これほどきれいに食べ尽くされているともはや清々しい。

雨の中、麓のストック村から歩き始めて四時間ほどでマンカルモBCに到着した。標高は約四二〇〇メートル。大きなキッチンテントに入るとドイツ人の登山者が「グッドウェザー！」と大声で迎えてくれた。

このBCを通り過ぎてアタック直前のBCまで一気に登る人もいるが、登山素人の僕としては少しでも高度順応をしておきたかった。

「二、三時間おきに目が覚めると思うけど心配ない。高地でストレスがかかっているだけだ。みんな同じナ」

今シーズン初という雨は夜も降り続き、心地よくテントを叩いた。近くを流れる小川の音が聞こえ、チャダルを思い出した。だが、すぐにこれがチャダル以来人生二度目のテント泊で他に思い出がないだけだと気がついた。

ロータスの言う通り、テントのなかでは三時間おきに目が覚めた。時折、犬がけたたましく吠えた。脳裏に昼間見たブルーシープの頭蓋骨が浮かんだ。獣にテントを囲まれていたらどうしようかと怖くなった。

六月二九日　アッパーBC（標高4600メートル）

朝四時、鳥のさえずりが聞こえ出した。五時を過ぎるとテントの外が明るくなってきた。雨は止んだようだった。

テントから這い出てキッチンテントに行くと、昨日会った分厚い体のドイツ人が「よく眠れたか！」と大声で話しかけてきた。「眠れましたよ」と答えるとその隣の太ったドイツ人が「グーッド！」と笑った。二人してヨーロッパの山は全部ソーセージにして喰ってしまったような朝からすごいテンションだった。圧の強い中年二人に対して、同行の若いドイツ人は小さく笑うだけで物静かだった。

朝食を食べ終え、山を眺めていたら、その若いドイツ人が話しかけてきた。

「山頂まで行く予定ですか？」

「ええ、そのつもりです」

「今夜？」

「そうです。あなたも？」

「はい。山頂で会いましょう」

果たして僕らは会えるだろうか。


雨は止んだが、霧が濃かった。ただ、その先には青空が見えた。足にまとわりつく犬と一緒に山道を登りはじめた。

下山中のパーティとすれ違った。昨日の雨の中、頂上を目指したが五五〇〇メートル付近で降雪も激しくなり断念したそうだ。

「今夜の方がいいわね。あなたたちはラッキーだわ」インド人の女性がすっきりしない笑顔で言った。「私は次の機会にするわ、頑張って」

体力さえあれば登頂できると楽観していたが、晴天天国のラダックでも山の天気は気まぐれだ。とはいえ霧が晴れ、目の前に青空が広がってきた。彼女の言う通りラッキーかもしれない。

昼前、標高四六〇〇メートルのアッパーBCに到着した。

頭が少しずつ痛くなってきていた。

キッチンテントにはスーパーにあるような棚にコーラやインドビールのキングフィッシャーがずらっと並んでいた。

おしゃべりな男がいた。テント内で飲み物や食べ物の注文を取り、僕や遅れてアッパーBCまで登ってきたドイツ人たちに軽口を叩いては笑わせた。

「変わった奴だね。ガイド?」と僕が訊ねると「いやラダッキーだ。俺は好きじゃない」とロータスが言った。

「あいつは嘘をつくんだ。できもしないことを大丈夫、大丈夫といって旅行者からお金を取るんだ。でも、できやしない。だから地元の俺たちはみんな嫌いなんだよ」

気色ばんだ彼を見るのははじめてだった。でも、こんな奴がいたのでは、ロータスたちの信用もガタ落ちだ。無理もない。

「インド人みたいだね」と僕が笑うと、「そうだな」とロータスも笑った。

夕方のBCには穏やかな風が吹いていた。テントのすぐ前でマーモットが巣から顔を出して、こちらをうかがっていた。

もうじき日が暮れる。夜中の出発に備えて、キッチンテントに夕飯を食べにいくと白人の登山者たちで溢れ、座るところもなかった。ただ今夜アタックにいくのは三組だけらしい。

徐々に頭の痛みが増してきた。油断して水分補給が少なかったようだ。ひとまずキッチンテントで水筒に飲み水を入れてもらい、出発までできるだけたくさん飲んでおくことにした。

天気予報では今夜は晴れだが、明日の朝方から数日曇りが続くとのことだった。

六月三〇日　ストック・ショルダー（標高６０００メートル）

夜中一時半、ロータスがテントに迎えにきた。ＢＣで借りたダニだらけの寝袋があまりにかゆくて、結局一睡もできなかった。雨も降ってきていた。

暗闇の中、ヘッドランプを灯しながら歩き始めた。先に歩く灯が峠に見えた。すでにスタートした二組だろう。三〇分ほどで、その峠に着いた。

遠くにチベット難民が多く暮らすチョクラムサルの村が見えた。ユルチュン村のゴンパで見た落書きを思い出した。こんな時間でも村は煌々と明るかった。

雨が激しくなってきた。雨よけのポンチョを着た。

五〇〇〇メートルを越えると雪がかなり目立ちはじめた。ただヘッドランプが照らす足先以外は暗闇なので、どんな景色の中を歩いているのかはわからなかった。

三時、大きな氷河が現れた。その下を流れる水の音が聞こえた。

雨が弱まったので、ポンチョを脱いだ。レーで仕入れた安物のポンチョは汗が抜けず、体力を消耗した。ここはチャダルよりはるかに暖かい。厚手のダウンなんて着てこなければよかった。

三時半。出発から二時間で五三〇〇メートルに到達。

目の前は雪で覆われ、踏み跡も判別できず、どこが道なのかわからなかった。クレパスが口を開けているかもしれないというので、ロータスが持ってきたロープを腰に巻きつけて二人をつないだ。完全に飼い主と飼い犬状態だった。

ロータスにぐいぐい引っ張られ休むこともできないが、クレパスは大きいと二〇メートルもあるので落ちたら命の保証はない。仕方なく飼い主に従った。二〇分ほどでクレパス区間を抜け、ロープを外した。

雪のない急斜面の岩場に足の進みが急激に落ちてきた。

四時、霧も晴れ、うっすらと空が明るくなってきた。

溶岩のような真っ黒い岩場をジグザグに進むが、なかなか足が前に出ない。

「ゆっくりでもいいから動き続けろ。止まると冷えて体力を消耗するぞ」ロータスが声をかけてくれるが、後ろから誰かが引っ張っているように足が重かった。

五時前、五六〇〇メートルに到達。陽の光があたりを照らしだした。

空気が澄んでいるのか。視力が上がったように景色の解像度が高くなった気がした。雲海がどこまでも広がり、空を飛んでいるようだった。このままずっと眺めていたかった。いや、ただ動きたくないだけだった。弱気になっていた。

「太陽が力を与えてくれないかな」僕はぼやいた。

「それもいいが、精神の力が一番重要だ」ロータスがもっともなことを言った。

山頂で日の出を見るという計画はもう不可能だった。

「I can do it!」と何度も口に出して言わされた。一度に四、五歩進むのが限界だった。

僕のあまりのペースダウンに「さぁ、歩こう」「こっちへ来るんだ」「止まっちゃダメだ」「歩幅をもっと広く」とロータスは励まし続けてくれた。でも踏ん張りが効かず、登ってはズルズルと斜面を滑り落ちた。見かねたロータスが片足にアイゼンを履かせてくれた。生まれてはじめてのアイゼンにもワクワクする余裕はなかった。

グリップが上がり滑落のリスクは減ったがスピードは上がらなかった。まるで流れるプールの中を逆流して歩いているように全身が重かった。

山頂にたどり着けるのだろうか。

陽の光を浴びながら、そういえばラダックに来て何度も朝を迎えたが、日の出を見るのは今日がはじめてだと気づいた。最低最悪の気分だった。認めざるを得ない。完全に高山病だ。激しい頭痛と吐き気とめまいが僕を襲ってきていた。

ストック・カンリ登頂に高度な登山技術はいらない。確かにそうだろう。登山経験が豊富ならガイドすらいらない。BCにいた白人たちもソロ登山者が少なくなかった。チャダルで発揮した僕の脚力や持久力からロータスは「お前なら簡単にできるナ」と言った。でも、チャダルはほぼ標高差がない。僕の高度順応能力は、ロータスの想定をはるかに下回っていた。

僕はあがき続けた。まだ終われなかった。

二時間近くかけて、ようやく岩場のエリアを抜けた。

眼前には雪の壁がせり立っていた。

ここを登り切れば、ストック・ショルダー。頂上の肩口に到達し、標高はついに六〇〇〇メートルに到達する。しかし雪の壁を前にほとんど絶望的な気持ちだった。

ロータスが三年前にガイドしたインド人は、このあたりで重度の高山病に陥った。体内の酸素飽和度は五〇パーセント近くまで低下し、ロータスはガイドとして下山を提案した。これ以上の登山は命の危険があると最終宣告したのだ。しかしインド人は聞き入れず、「何があっても、すべて自分の責任だ」と一筆書き、結果、登頂した。そこまではよかったが、そのインド人に下山するエネルギーは残されていなかった。ロータスの非常用酸素で酸素を補給しながら、体をロープでくくり、ロータスが引っ張って下山した。ＢＣに帰ってきた時には出発から二四時間が過ぎていたという。

「彼は生きていたからラッキーだった。最悪、高山病は死ぬ」

自分が今どの程度危険な状態なのか、登山経験のない僕には判断基準がなかった。まだ大丈夫なのか、もう危ないのか。頭痛や吐き気はますますひどくなっていた。いっそ吐いてしまいたいが、吐いたら心が折れる気がしてなんとか耐えているだけだった。仮に山頂までたどり着いたとしても、この急斜面を、これまでの道程を、帰ることができるのだろうか。遠くで氷河がものすごい音を立てた。長い。五秒は続いていた。氷河が砕けたのか？　雪崩？　恐怖心が芽生えはじめていた。

僕は重い足取りで雪の急斜面をジグザグに登り始めた。

足を滑らせれば一気に五〇〇メートルくらい滑り落ちていくのだろうか。それが何を意味するのか、僕にはわからなかった。

足の踏ん張りはどんどん効かなくなっていた。

高山病が重症化すると脳浮腫を起こすという。脳・浮・腫という恐ろしい字面に機能を失った自分の脳みそが水中でプカプカしている様が浮かんだ。

ふっと視線が足元に揺れた。

いつの間にかあたりは霧につつまれていた。うっすら視界に入った斜面は、まるで垂直だった。

――こんな急斜面を登っていたのか。

現実を直視した途端、足がすくみ、動けなくなった。

腰を抜かすように、そのまま雪の斜面にへたり込みそうになった。

「ノーノーノーノーノーー！　こっちまで上がれ！」

ロータスが慌てて叫んだ。上がれるなら、上がっているよ。そう思ったが、ロータスの慌てぶりとあまりに不安定な足元に恐怖心が勝り、なぜかストック・ショルダーまでよじ登ることができた。

山頂まで標高差にしてあと一〇〇メートル足らず。けれど今の僕にとってその標高差を埋めるのは一〇〇〇キロ歩くことにも等しかった。僕は岩場に横たわったまま土偶のように動かなくなった。

　視界の端に横たわるドイツ人三人組が見えた。敗北の仲間がいたことが嬉しかった。だが、しばらくすると一人が立ち上がった。そして山頂へ向かってゆっくりと歩き出した。あの若い物静かな青年だった。彼は母親の遺骨を山頂でまくために、ストック・カンリにやってきていた。

　視界の外側が徐々に暗くなり、狭まってきた。これが視野狭窄《きょうさく》という症状なのだろうか。目の前が線香花火のようにチカチカしはじめた。脳みそは取り出して欲しいほど痛いのに、意識は朦朧としてきていた。

「親より先に死んではいけないよ」

　旅立つ前に母にかけられた言葉がよぎった。こんな時に縁起でもない。

　ここで意識を失えば、このまま人生は終わってしまうのか。人生って、そんなにあっけないものなのか。嫌だ。怖い。死というものが猛スピードで僕に迫ってきた。

　人は死ぬ。そのことを教えてくれたのは、父だった。

＊

父が最初に倒れたのは、僕が中学一年生の時だった。

自室で電話中だった父が胸を押さえながらリビングへ倒れこんできた。すぐに救急車を呼び、即入院。心臓付近の大動脈が裂ける胸部大動脈解離だった。手術は一〇時間を超えた。

術後、父は集中治療室で家族の顔を認めると涙を流した。でも僕は泣かなかった。

父は手術の後遺症で、一時的に自分の状況を理解できないでいた。研究者だった父は、病院と職場を混同していた。集中治療室で看護にあたってくださる看護師さんたちに向かって、なぜ勉強しないのか、なぜ授業にいかないのかとぶつぶつと文句を言い続けた。いくら説明しても父は理解できなかった。

ある日、僕はそんな父に怒りをぶつけた。ベッドに横たわりながら、いつもの訳の分からない文句を言い出した父の足を平手打ちし、「いい加減にしろよ」と怒鳴りつけた。やってしまった。そう思った時には、もう遅かった。父は「痛いいい！」と叫んだ。その子供のような父の叫び声は、今も僕の耳に残っている。

一線を超えたこの瞬間から、僕の感情は壊れてしまったのかもしれない。

父が日常生活に戻ってから、僕の反抗はエスカレートしていった。

中学、高校、大学と人生の分岐点でも、父の言葉に耳を貸そうともしなかった。進路に悩み、「やりたいことなんかねえんだよ」と怒鳴る僕に、父は「信じられない」と悲しそうに言った。嘘だった。僕の心は、やりたいことで溢れていた。口に出すのが怖かっただけだった。怖いから虚勢を張り、父が芯を突こうとすればするほど、わめき散らして誤魔化してばかりいた。

あの頃は父と顔を合わすたびに罵り合っていた記憶しかない。僕は事あるごとに怒り狂っていた。ストレスが父の病気の進行を早めたとすれば、僕は間違いなく加害者だった。

父は再び倒れた。

胸の次は腹の大動脈解離。術後、執刀医は成功という言葉を使わず、「延命できました」と言った。確かに成功とは言い難い状態だった。体には麻痺が残り、何より父から「声」を奪った。声帯を損傷し、声がほとんど出なくなってしまったのだ。

それでも父は、体や言葉が不自由になっても、頑固に自己主張し、ろくに話ができないくせに神経質な要求をしてきたりした。病気をしても父は父だ。父の死をイメージすることはできなかった。

だが、確実にその日は迫ってきていた。

まだ父が一本指でキーボードを打てた頃、たまたま知人へ宛てたメモを目にしたことがあった。「体の自由も効かず、もう研究への意欲も失いました」といったことが書かれていた。

二度目の手術後、父は徐々に衰え、ほどなく要介護は最悪の5となった。すべての日常生活に全面的な手助けが必要という状態だった。

父は老人ホームに入る日取りが決まるとタイミング悪く自室で転び入院した。打ちつけた患部が回復し、退院の目処がつくと今度は危篤に陥った。

姉たちが駆けつけた頃はまだ多少意識もあり、呼びかけにも反応していたそうだ。

僕はその事実を聞かされた途端、心臓の鼓動が急激に速くなるのを感じた。

父は集まった家族の中に、僕の顔だけがないことを認識していたのだろうか――。

自らの死期が迫っていることも薄々悟っていたはずだ。家族の顔を見るのは、これが最後になるかもしれない。その覚悟の中で、僕だけがいない。家族との今生の別れの中で、僕だけがいない。

なにせ僕は、あろうことか初対面のコアラ先輩とお気楽に焼酎をグイグイ呑んでいたのだから——。

そして、父は僕の目の前で生きるのをやめた。

何の前触れもなく、静かな病室で一定のリズムを刻んでいた機械が異音を発した。僕は父の足元に立ち、父の黒ずんだ顔を見おろした。

父の頬と目の周りの肉がさーっと削げ落ちていった。

まるで砂山の砂が崩れていくように。あっという間に父の顔は、頭蓋骨に薄い皮がかぶさっているだけのようになった。

「……死んだ」

誰もいない病室で、言葉がこぼれた——。

目の前に横たわっているのは、希望も絶望も思考も感情もない虚無だった。僕はその時、人は死ぬということを知った。

僕には穏やかな父の声の記憶がなかった。嬉しそうな父の笑い声の記憶がなかった。ロータス親子のように真剣に何かを語り合った記憶もなければ、あったはずの子供の頃の儚い記憶さえ、罵り合う記憶に上書きされてしまっていた。

父の本来の声を消し去るほど、僕は怒り狂ってばかりいたのだ。

娘を授かってようやく僕は、自分のしてきた愚行の残酷さを理解した。


「怒って何かいいことがあったかい。君には知恵が足りない」

ラダックの高名な僧侶が、僕に言った。

「自分のすべてをかけなくていい。半分は自分のためでいい。もう半分を自分以外のために使いなさい。大切なのは他者を思うこと。苦しみをいかに喜びに変えていくか。それがすべてだよ」


真冬のレーで凍りついた犬の屍体を塀の上から見おろす犬がいた。あの犬が、病室で死にゆく父を見おろす僕の姿とシンクロした。

この世は因果応報だ。誰もがいつかは必ず凍りついた犬の側になる。自らの愚行の償いをしなければロクな死に方をしないと思っていた。でも、ソーラークッカーを届け終えた僕に去来したのは虚しさだった。

父は、もう死んだ。今さら何かで償うことなんて、できやしないのだ。

でも、この逃れられない後悔が、僕をラダックへと駆り立ててくれた――。

過去にあがかず。未来にすがらず。

今この瞬間を怒りに費やすなら、いま生きている偶然を笑おう。

ヒマラヤの西のはずれの小さな王国が、笑顔であふれていたように。


「今日は霧がすごいから山頂からは何も見えないさ」

ロータスは小さく笑った。

「ビギナーで六〇〇〇メートルまで登ってこられたんだ。すごいじゃないか」

一年前の夏にシンゲ・ラ（峠）で出会えた幸運を思った。

ストック・ショルダーで横たわる僕にロータスがビスケットを一枚くれた。一口かじる。何も味がしなかった。ただでさえ口呼吸で喉がカサカサなのに、貴重な水分をもっていかれた。

「水を」と言おうとした瞬間だった。

水筒の入ったロータスのザックが岩からゆっくりと落ちた。そして猛スピードで真っ白い斜面を転げ落ちていった。

「ファーック!」ロータスが笑った。

あのザックが僕でなくてよかった。

大の字になり、天を仰いだ。霧が立ち込め、何も見えなかった。

もうボロボロだ。そう思ったら、カサカサの笑いがこみ上げてきた。

あとがき

私は三歳から四歳までの短い期間をイタリアのローマで過ごしました。

当時はまだ日本人が珍しかったのか、両親に聞くと玄関の前に犬のウンコを置かれたり、階下から床をドスドス叩かれたりといった嫌がらせをされたそうです。私は幼すぎて写真を見ても蘇ってくる思い出はほとんどありませんが、うっすらと覚えていることが一つあります。

玄関を出て、アパートの階段を駆け降り、「チンクエ（五個）、チンクエ」と唱えながら、一人で石畳の道を歩いていきました。たどり着いた雑貨屋にはメガネをかけた太ったおばさんがいて、笑顔で「バンニーノ！」と迎えてくれました。私はキャンディーを指差し、不安と恥ずかしさに押しつぶされそうになりながら、「チ、チンクエ」と注文しました。五つのキャンディーを握りしめ、無事に帰宅した私は、静かに興奮し、自分の世界が少し広がった気がしました。あれが私にとってのはじめての旅でした。

当時の記憶は薄れていても、幼少期に異国で過ごしたという事実は間違いなく私のアイデンティティとなりました。一人で旅に行けるようになると、自然と興味は海外に向き、日本とイタリアにまたがる国々をいくつも旅しました。とかく飽きっぽい私にとって、旅は数少ない夢中になれるものになりました。そのきっかけをくれた父には感謝しています。

本作は、北インドのラダックを旅した記録であり、父への贖罪の旅の記録でもあります。幸運なことに「第一回わたしの旅ブックス新人賞」を受賞し、書籍化されました。

私は数年前に東日本大震災のボランティア活動を綴った『震災ジャンキー』（草思社）という本を書いています。今回の賞の応募にあたっては、「私は新人なのか」というためらいもありました。ただ震災に関わったからには記録を残すことは義務だとも考えていたので、卒論を書かずに大学を卒業した身としては、『震災ジャンキー』は書かなければならなかった「卒論」のような作品です。

私の中では誰のためでもなく、ただ自分のためだけに旅をし、その記録を綴った本作こそ、私にとっての本質的な処女作だと思っています。現在の私の力を振り絞って書きましたが、一つだけ心残りがあります。

父の三回忌を無事終えると、後を追うようにすぐに母も亡くなりました。せめて母には、この本を読んで欲しかったです。

この甚だひとりよがりの物語が、果たして私を知らない方々にとって「読んでよかった」と思ってもらえるのか。不安は尽きませんが、読んでくださったすべての方に心より感謝申し上げます。

最後に、本書刊行にあたり協力してくださった方々に、この場を借りてお礼を申し上げます。

私のわがままなお願いにも「面白そうですね」と完璧に応えてくださったNPO法人ジュレーラダック（https://www.julayladakh.org）の代表スカルマさん。世界一のソーラークッカーを快く託してくださった工房あまね（http://amane-studio.jp）の滝沢本春さん。ラダックで暮らす日本人のお二人。私の不躾な質問、疑問にも丁寧に何度もお答えくださったヒドゥンヒマラヤの上甲紗智さん。ストック・カンリからボロボロになって下山してきた私を温かくご自宅に迎えてくださったネォ・ラダック／にゃむしゃんハウスの池田悦子さん。また編集を担当してくださった産業編集センターの佐々木勇志さんには、こと父の記述に関して多くの的確な助言をいただきました。そして、ラダックのみなさん。ありがとうございました。旅ができる日がきたら、必ず帰ります。

ジュレー！

二〇二一年四月　小林みちたか

小林みちたか（こばやし・みちたか）

ルポライター。1976年東京生まれ。慶應義塾大学総合政策学部卒。2000年朝日新聞社入社、04年退社。広告制作会社などを経て、10年より国際NGO AAR Japanに所属し、国内外の緊急支援活動に携わる。11年退職。17年、東日本大震災のボランティア活動を綴った『震災ジャンキー』（草思社）で第1回草思社文芸社W出版賞・草思社金賞を受賞。20年、『死を喰う犬』（産業編集センター）で第1回わたしの旅ブックス新人賞を受賞。

わたしの旅ブックス

033

死を喰う犬

2021年6月15日　第1刷発行

著者――――小林みちたか

編集――――佐々木勇志（産業編集センター）
ブックデザイン――マツダオフィス
DTP――――角 知洋_sakana studio
地図作成――――山本祥子（産業編集センター）

発行所――――株式会社産業編集センター
〒112-0011
東京都文京区千石4-39-17
TEL 03-5395-6133　FAX 03-5395-5320
http://www.shc.co.jp/book

印刷・製本――――株式会社シナノパブリッシングプレス

ISBN978-4-86311-301-5